Münsterschwarzacher Kleinschriften

herausgegeben
von den Mönchen der Abtei Münsterschwarzach

Band 102

Anselm Grün

Wege zur Freiheit

*Geistliches Leben
als Einübung in die innere Freiheit*

Vier-Türme-Verlag

7. Auflage 2007
© Vier-Türme GmbH, Verlag Münsterschwarzach
Alle Rechte vorbehalten
Umschlaggestaltung: Morian & Bayer-Eynck, Coesfeld
Umschlagmotiv: Image State
Gesamtherstellung: Benedict Press, Münsterschwarzach

Die Deutsche Bibliothek – CIP-Einheitsaufnahme
Grün, Anselm:
Wege zur Freiheit: geistliches Leben als Einübung
in die innere Freiheit / Anselm Grün.
1. Aufl. – Münsterschwarzach: Vier-Türme-Verlag, 1996
(Münsterschwarzacher Kleinschriften; Bd. 102)
ISBN 978-3-87868-602-6
ISSN 0171-6360

Inhalt

Einleitung   7

I. *Freiheit im Neuen Testament*   11

   »Die Söhne sind frei« – Die Synoptiker   11

   »Die Wahrheit wird euch frei machen«
– Johannesevangelium   24

   Die Botschaft der Freiheit bei Paulus   39

   Das vollkommene Gesetz der Freiheit
bei Jakobus   59

II. *Freiheit bei den Griechen*   63

   »Der Tugendhafte ist frei«
– Sokrates, Platon und die Stoa   65

   »Wenn du willst, bist du frei« – Epiktet   67

   Der Geist befreit von der Welt
– Die Gnosis   70

III. *Der spirituelle Weg der Kirchenväter*   73

   »Keiner kann dich verletzen« – Justinus   73

   Die Freiheit des Christen
– Clemens von Alexandrien   76

   Die Freiheit des Willens – Basilius   80

   Gottesfurcht befreit von Menschenfurcht
– Johannes Chrysostomus   87

IV. Die Freiheit den Leidenschaften gegenüber – Der Weg der Mönchsväter	93
V. Geistliches Leben als Weg in die Freiheit	99
Askese	99
Der Umgang mit den Gedanken und Leidenschaften	104
Das Gebet	112
Der Weg der Liebe	118
Schluß	125
Literatur	131

Einleitung

Freiheit ist eines der vielen Sehnsuchtsworte, die die Menschen seit jeher bewegen. Im Grunde seines Herzens sehnt sich jeder Mensch danach, frei zu sein, frei zu sein von der Macht der Menschen, frei gegenüber dem Urteil der anderen, frei von inneren Zwängen, frei von Ängsten, frei von Skrupeln, frei von Abhängigkeiten. Die meisten Staaten nehmen für sich in Anspruch, daß sie ihren Bürgern die Freiheit garantieren. Die Liberalen verwechseln Freiheit oft mit Individualismus. Sie meinen, frei sei der, der tun kann, was er will, der sich nicht nach den anderen richtet, sondern nur auf sich selbst sieht.

Viele verbinden das Wort »Freiheit« heute mit den Freiheitsbewegungen seit der französischen Revolution, aber nicht mit der Kirche. Und doch ist Freiheit in der Bibel ein zentrales Wort. »Zur Freiheit hat uns Christus befreit«, schreibt Paulus an die Galater (Galater 5,1). Die Erlösung durch Jesus Christus wird als Befreiung beschrieben, als große Einladung, nun als freie Söhne und Töchter Gottes zu leben. Und das geistliche Leben wird seit der frühen Kirche als Einübung in die Freiheit verstanden.

In diesem Buch möchte ich nicht die große Theologie der Freiheit entfalten, wie sie seit der frühen Kirche von Philosophen und Theologen bedacht worden ist. Das Thema der Willensfreiheit, das in der Theologie so breit behandelt wird, das Verhältnis von Gnade und Freiheit und die politische Dimension der Freiheit übergehe ich. Auch die südamerikanische Befreiungstheologie, die die biblische Botschaft von der Freiheit in unsere heutige politische Situation hinein übersetzt, wird nicht thematisiert, obwohl ich sie persönlich als einen wichtigen und ermutigenden Beitrag heutiger Theologie zu den Fragen der Zeit halte. Ich beschränke mich auf die Botschaft des Neuen Testaments und auf die Deutung dieser Botschaft bei einigen Kirchenvätern und im Mönchtum. Dabei geht es mir weniger um die Theologie, als vielmehr um die spirituelle Dimension der Freiheit und um die Wege in die Freiheit, wie sie die geistliche Tradition des Mönchtums gegangen ist.

Die Theologie unterscheidet eine Freiheit *von* und eine Freiheit *zu*. In diesem Buch geht es vor allem um den ersten Aspekt. Die Erfahrung Gottes befreit uns von der Macht der Welt. Gotteserfahrung hat immer auch mit der Erfahrung von Freiheit zu tun. So sagt schon Angelus Silesius: »Wer die Freiheit liebt, liebt Gott.« (Zitiert bei Gründel 105) Der spirituelle Weg ist ein Weg in die Freiheit von Abhängigkeiten und Zwängen. Aber diese Freiheit von äußeren und inneren Fesseln hat auch ein Ziel. Das Ziel unseres Lebens ist die Hingabe an Gott und die Menschen. Ich kann mich nur hingeben, ich kann nur wahrhaft lieben, wenn ich mich gefunden habe, und wenn ich frei geworden bin von mir selbst, vom Kreisen um mich selbst und vom Festklammern an mir und meinem Leben.

Auch wenn die Politiker aller Parteien in unserem Land immer wieder die Freiheit rühmen, derer wir uns erfreuen dürfen, so fühlen sich viele Menschen heute nicht frei. Sie fühlen sich von tausend Zwängen bestimmt. Da sind nicht nur die äußeren Zwänge, die wirtschaftlichen Zwänge, die einen Unternehmer dazu zwingen, Arbeitsplätze abzubauen, gesellschaftliche Zwänge, die uns in unserer Freiheit einengen, und politische Zwänge, die uns davon abhalten, sinnvolle Reformen einzuleiten, weil sie »politisch nicht durchsetzbar« sind. Sondern es sind vor allem auch die vielen inneren Zwänge, die heute die Menschen bedrängen. Da sind Ängste, die uns beherrschen. Wir fühlen uns abhängig von der Anerkennung der anderen. Wir spüren, daß uns unsere eigene Lebensgeschichte bestimmt und uns nicht frei entscheiden läßt.

Emotionen, Leidenschaften, Bedürfnisse und viele Wünsche beeinflussen uns und beeinträchtigen unsere Freiheit. Die Frage ist, wie wir zur inneren Freiheit gelangen können. Die spirituelle Tradition hat seit jeher Wege aufgezeigt, die uns zur Freiheit von der Macht der äußeren Faktoren führen möchten. Der geistliche Mensch ist immer auch der freie Mensch, der Mensch, der nicht von außen bestimmt wird, sondern der von innen heraus lebt, frei von der Meinung und Erwartung der anderen, frei vom Zwang seiner eigenen Bedürfnisse und Wünsche. Die innere Freiheit gehört wesentlich zu unserer Würde als Mensch. Erst der freie Mensch ist ganz Mensch. Der Blick in die Schriften des Neuen Testaments und in die frühe geistliche Tradition soll uns zeigen, wie auch wir heute den Weg der Freiheit und damit den Weg wahrer Menschwerdung gehen können.

I. Freiheit im Neuen Testament

Zu den vielen Untersuchungen, die es zu diesem Thema bereits gibt, möchte ich keine weitere hinzufügen. Ich möchte vielmehr die biblischen Vorstellungen von Freiheit auf unser konkretes Leben hin auslegen. Wie weit kann ich von diesen biblischen Worten her heute leben? Wie sind sie in unsere psychische und soziale Situation hinein auszulegen? Dabei verstehe ich die Begriffe als Bilder, durch die auch unser Leben in einem neuen Licht erscheint. Nicht die wissenschaftliche Untersuchung, sondern die bildhafte und assoziative Schriftauslegung soll mir helfen, die Botschaft der Bibel in unsere Zeit zu übersetzen.

»Die Söhne sind frei« – Die Synoptiker

Bei den Synoptikern (den drei ersten Evangelien: Matthäus, Markus und Lukas) gibt es nur eine Stelle, an der Jesus ausdrücklich von der Freiheit der Christen spricht. Es ist die Erzählung von der Tempelsteuer. (Matthäus 17,24–27) Dabei geht es nicht – wie früher manche kirchliche Ausleger meinten – um eine staatliche, römische Steuer, sondern »um die jüdische Halbschekel- oder Doppeldrachmensteuer zugunsten des Tempels«

(Luz 529). »Bei der Halbschekelsteuer handelt es sich um eine von jedem freien und erwachsenen Israeliten, nicht aber von Frauen, Sklaven und Kindern jährlich zu bezahlende Steuer, die den Kultusausgaben des Tempels diente.« (Ebd. 529) Diese Steuer war innerhalb Israels umstritten. Die Sadduzäer und Essener lehnten sie ab. Etwa 50 vor Christus ist sie jedoch für alle Juden verpflichtend geworden. Allerdings stand es mit der Bezahlung der Tempelsteuer in Galiläa nicht zum besten. So wird die Frage der Steuereinnehmer durchaus verständlich.

Petrus bejaht die Frage, ob Jesus die Tempelsteuer bezahlt. Doch im Inneren des Hauses erteilt Jesus ihm eine Belehrung, »die sein Ja nicht aufhebt, aber neu begründet« (Grundmann, Matthäus 410). Jesus fragt ihn, »ob die Könige der Erde Zölle oder Steuern auch von ihren eigenen Söhnen, den Prinzen, nehmen oder allein von den Fremden, d.h. von denen, die ihrer Herrschaft unterworfen sind« (ebd. 410). Als Petrus verständlicherweise antwortet, doch wohl von den Fremden, zieht Jesus die Folgerung:

Also sind die Söhne frei. Seine Gemeinde ist die Schar der Söhne des Königtums Gottes, und zu solcher Sohnschaft gehört die Freiheit, in diesem Fall die Freiheit von der Steuer, die im Gesetz für den Tempel geboten ist, und damit auch Freiheit von Gesetz und Tempel. Jesus und Petrus sind Gottes freie Söhne, dieser von jenem her. Das ist das Grundbewußtsein der Gemeinde Jesu: freie Söhne Gottes. (Ebd. 410)

Die Freiheit ist also das Kennzeichen der Christen. Weder staatliche noch kirchliche Stellen können den Christen in ein Zwangssystem sperren. Denn der Christ ist als Sohn und Tochter Gottes ein freier Mensch, allein Gott verantwortlich. Er steht nicht unter Menschen, sondern unter Gottes Gebot. Und Gottes Gebot ist der Weg der Freiheit. Wenn Gesetze den Menschen einengen, dann sind es immer menschliche Gesetze. Jesus verkündet das Reich Gottes, in dem Gottes Herrschaft aufgerichtet und die Herrschaft menschlicher Gesetzgeber entmachtet wird. Wo Gott herrscht, da findet der Mensch zu seiner Freiheit, da wird der Mensch erst zum Menschen. Das haben die frühen Christen in ihrem Miteinander existentiell erfahren. Ihr Grundgefühl war die Freiheit vom Gesetz und die Freiheit von menschlicher Willkür. Aber zu dieser Freiheit gehört es auch, daß die Christen den Menschen keinen Anstoß geben wollen. Daher schickt Jesus Petrus an den See, um einen Fisch zu fangen, in dem er genau den Betrag findet, den sie beide zu zahlen haben.

Man kann diese Stelle von der Tempelsteuer in Beziehung setzen zu der Erzählung von der römischen Kopfsteuer, die alle drei Synoptiker ähnlich überliefern: Markus 12,13–17, Matthäus 22,15–22 und Lukas 20,20–26. Hier greift Jesus ein in die brisante Frage, ob die Juden die römische Steuer zahlen müssen. Wie er auch antworten wird, wird er eine der jüdischen Gruppen gegen sich aufbringen. Die Herodianer werden ihn bei den Römern anklagen, wenn er die Steuer ablehnt, die Pharisäer und Zeloten werden sich gegen Jesus wenden, wenn er die Steuer befürwortet. Jesus handelt hier in souveräner Freiheit, indem er sich den Denar geben läßt, den man als Steuer zahlen muß. Die Steuermünze »zeigt auf ihrer Vorderseite das nackte Brustbild des Kaisers Tiberius mit einem Lorbeerkranz ums Haupt... Auf der Rückseite steht Pontifex Maximus (Oberster Priester), dazu das Bild der thronenden Mutter des Tiberius mit Zepter und Ölzweig« (Grundmann, Markus 327).

Als die Anwesenden Jesus bestätigen, daß es das Bild des Kaisers ist, das da auf der Münze abgebildet ist, antwortet Jesus mit dem revolutionären Satz: »Erstattet nun dem Kaiser zurück, was ihm gehört, und Gott, was Gottes ist.« (Matthäus 22,21) Da der Denar dem Kaiser gehört, sollen sie ihn ihm zurückgeben. Was der Kaiser den Juden gegeben hat, die staatliche Ordnung mit ihren wirtschaftlichen und rechtlichen Strukturen, das sollen sie ihm zurückerstatten. Denn das gehört ihm. Aber der Mensch gehört ganz und gar Gott. Also darf er keinem Menschen über sich als Person Macht geben und sich nicht völlig in die Hand eines Menschen ausliefern.

Der Mensch gehört Gott, weil er Sohn und Tochter Gottes ist, und weil er Bild Gottes ist. Die Gottesebenbildlichkeit des Menschen befreit ihn von der Macht der Menschen. Jesus legt dem Menschen kein neues Gesetz auf, sondern befreit ihn dazu, »wozu er geschaffen und angelegt ist« (Grundmann, Matthäus 473), zum authentischen

Bild Gottes. Und weil der Mensch das Bild Gottes in sich trägt, gehört er Gott und nicht irgendeinem Menschen, kann nur Gott über ihn verfügen, aber keine menschliche Macht. Die Gottesebenbildlichkeit zeigt sich für Matthäus vor allem in der Feindesliebe und im väterlichen Verhalten. Wer seine Feinde liebt, der erweist sich als Sohn und Tochter Gottes, der wird Gott gleich, genauso vollkommen (Matthäus 5,48) und barmherzig wie der himmlische Vater (Lukas 6,36). Und wer als Vater seinen Kindern gute Gaben gibt, der verwirklicht in seiner Väterlichkeit etwas von der Vaterschaft Gottes, der denen Gutes gibt, die ihn darum bitten (Matthäus 7,11). In der Ebenbildlichkeit Gottes liegt die Würde des Menschen und zugleich die Freiheit von jedweder menschlichen Macht.

Die Botschaft der Freiheit geht also auf Jesus selbst zurück. Jesus befreit den Menschen zu dem, was er ist, zum Sohn und zur Tochter Gottes. Wenn wir aber Söhne und Töchter Gottes sind, dann dürfen Menschen uns nicht versklaven, dann dürfen wir keinem Menschen Macht über uns geben. Wenn ich Gott gehöre und nicht der Welt, dann befreit mich das von der Macht der Welt, von der Macht ihrer Erwartungen, ihrer Ansprüche, wie sie in der Steuerforderung zum Ausdruck kommen.

Wenn ich Gott gehöre und nicht einem Menschen, dann befreit mich das auch in den Beziehungen zu anderen Menschen. Manche Eheleute haben an ihren Partner den Anspruch, daß sie einander gehören. Sicher gehen sie einen Weg miteinander und haben sich für immer darauf eingelassen. Aber trotzdem gehört der eine nicht dem anderen. Jeder gehört vielmehr Gott. Jeder ist gottunmittelbar. Das gibt ihm seine wahre Würde und zugleich seine Freiheit.

Das gilt auch für jede Freundschaft. Manche verwechseln Freundschaft mit der Forderung, der Freund müßte immer für sie dasein, er müsse ihnen ganz gehören, er dürfe sich nicht anderen zuwenden. Solche Freundschaften können zu einer Kette werden, die fesselt und unfrei macht. Echte Freundschaft weiß immer um die Freiheit des Freundes. Kein Mensch gehört mir allein, wir alle gehören vielmehr Gott.

Ich erlebe es in der Begleitung Rat- und Hilfesuchender immer wieder, wie diese Menschen, denen ich mich ungeteilt zuwende, daraus einen Anspruch an mich herauslesen. Sie wollen über meine Zeit verfügen, über meine Nähe, über meine Gefühle. Und diese Erfahrung mache ich nicht allein. Viele Seelsorger und Therapeuten erzählen mir von ähnlichen Erwartungen, mit denen sie sich konfrontiert sehen. Für mich ist mein Mönchsein konkreter Ausdruck dessen, daß ich allein Gott gehöre. Und das gibt mir Freiheit. Aus dieser Freiheit heraus kann ich mich auf Menschen einlassen und ihnen Nähe schenken, ohne sie an mich binden zu wollen, und ohne mich an sie zu binden. Die Freiheit der Beziehung ist die Voraussetzung, daß etwas wachsen kann. Viele verwechseln Freundschaft und Beziehung mit Aneinanderkleben. Jeder braucht den anderen. Keiner kann ohne den anderen sein. So werden sie voneinander abhängig. Aber Abhängigkeit widerspricht letztlich unserer Würde als Menschen.

Ich kann Menschen gut verstehen, die sich in einen Mann oder eine Frau verliebt haben und nun nicht ohne ihn oder sie sein können. Aber oft genug erlebe ich, wie sich Menschen völlig abhängig machen von dem, den sie lieben. All ihr Denken kreist um ihn. Das kann eine beglückende Erfahrung sein, weil es uns lebendig macht und all unsere Gefühle und Kräfte bündelt. Aber wenn der andere die eigene Liebe nicht erwidern kann, aus welchen Gründen auch immer, dann verletzt man sich ständig selbst, wenn man sich von ihm völlig abhängig macht. Wenn ich mich in eine Frau verliebe, so hat das immer auch mit Projektion zu tun. Ich projiziere etwas in sie hinein, was mich fasziniert und was mir selbst fehlt. Die Projektion ist durchaus gut. Aber ich darf nicht immer in der Projektion steckenbleiben. Ich muß vielmehr das, was mich an einer Frau oder an einem Mann fasziniert, in mir selbst entfalten. Und je mehr ich das, was mich an einem anderen fasziniert, in mein eigenes Leben integriere, desto freier werde ich vom anderen.

Eine Frau erzählte mir von einem Mann, von dem sie nicht loskam, obwohl er sie ständig verletzte. Er hat sie so tief getroffen, weil er für sie »die Leichtigkeit des Seins« verkörperte. Sie, die bisher immer ihre Pflichten erfüllt hat, die für ihre Familie gekämpft und gesorgt hat, war so fasziniert von dieser Leichtigkeit des Lebens, daß sie sich von diesem Mann auch dann nicht distanzieren konnte, als er eine andere Freundin hatte. Gegen solche Abhängigkeiten kann man sich oft kaum wehren. Sie zeigen, daß eine wichtige Seite in uns getroffen worden ist. Und diese Seite müssen wir versuchen zu leben und in unseren Lebensentwurf zu integrieren. Dann werden wir innerlich freier werden.

Es braucht jedoch oft lange Zeit, bis wir diese innere Freiheit gefunden haben. Doch wenn wir die Leichtigkeit nur spüren, wenn der andere da ist, sind wir abhängig von ihm. Wenn wir uns nur lebendig fühlen, wenn der andere in unserer Nähe ist, dann ist das gegen unsere Würde. Wir leben dann nicht aus uns heraus, sondern von der Gnade eines anderen. Vom anderen beschenkt zu werden, ist wunderschön. Aber sich unfähig zu fühlen, selbst zu leben, und immer nur danach Ausschau zu halten, daß der andere kommt, damit wir uns fühlen, das führt in eine totale Abhängigkeit. Und solche Abhängigkeit ärgert uns, weil sie uns unsere Würde nimmt.

Allerdings braucht es auch viel Geduld mit uns und unseren Gefühlen. Denn solche Freiheit läßt sich nicht mit einem bloßen Willensentschluß erringen. Sie steht vielmehr am Ende eines langen Prozesses. In diesem Prozeß des Freiwerdens geht es darum, dankbar anzunehmen, was der andere uns schenkt, und es immer mehr in das eigene Leben zu integrieren. Dann werden wir uns mehr und mehr selbst spüren und die Qualitäten in uns erfahren, die der andere in uns hervorgelockt hat.

Und je mehr wir uns selbst spüren und bei uns sind, desto freier sind wir.

Man kann die innere Freiheit nie mit Gewalt erreichen, indem man sich einfach vom anderen losreißt. Vielmehr braucht die Freiheit eine neue Erfahrung. Nach dem Wort Jesu braucht sie die Erfahrung, daß ich Sohn und Tochter Gottes bin, daß ich Gott gehöre und keinem Menschen. Wenn ich mir das immer wieder sage, wenn ich mich in diese Wirklichkeit hineinmeditiere, dann kann es sein, daß ich mich auf einmal frei fühle. Dabei darf ich mich nie verurteilen, daß ich abhängig bin, daß ich so tief von dieser Frau oder diesem Mann angesprochen worden bin. Es ist immer auch eine Chance, neue Seiten in mir zu entdecken und zu entwickeln.

Aber das Ziel jeder Beziehung, ganz gleich, wie sie sich gestaltet, ist die innere Freiheit. Sonst wird die Beziehung zu einer Abhängigkeit, die mich ständig verletzt. Anstatt mich zu bereichern, suche ich mir dann eine Situation, in der ich mich immer wieder selbst verletze oder verletzen lasse. Ich erlebe viele Menschen, die sich solche Situationen wählen, in der die Verletzungen ihrer Kindheit weitergehen. Die Freiheit der Söhne und Töchter Gottes soll mich in erster Linie auch befreien von den eigenen Elternbildern und Elternerfahrungen, die ich ja oft genug in die Beziehungen hineinprojiziere. Erst wenn ich frei geworden bin von den Verletzungen meiner Kindheit, werden Beziehungen möglich, die mich beschenken, anstatt mich zu verletzen.

Als Söhne und Töchter Gottes gehören wir Gott und nicht unseren Eltern. Viele kommen nicht los von den Erwartungen ihrer Eltern. Sie meinen, ihre wichtigste Aufgabe bestehe darin, es ihren Eltern recht zu machen. So trauen sie sich nicht, zu widersprechen und ihren eigenen inneren Impulsen zu folgen. Manchmal erlebe ich vor allem Frauen in der Lebensmitte, die ihr Leben lang nie der inneren Stimme getraut, sondern sich ganz und gar den Wünschen der Eltern angepaßt haben. Sie haben oft das Gefühl, man habe sie um ihr Leben betrogen. Sie haben nicht selbst gelebt, sondern sind von anderen gelebt worden. Die Trauer über all das ungelebte Leben kann in eine tiefe Resignation, ja Depression hineinführen.

Da hat sich zum Beispiel jemand nie getraut, seine Aggressionen zu leben, weil er das eine Mal, da er aggressiv war, so brutal bestraft worden ist, daß er jedes Gefühl von Wut und Zorn sofort unterdrückt hat. Die Unterdrückung der Aggression hat in ihm das Gefühl der Ohnmacht erzeugt, er könne sein Leben nie meistern, er werde dem Leben nie gerecht. In solchen Menschen entsteht oft Angst vor dem Leben, Angst, den Anforderungen nicht gewachsen zu sein. Die unterdrückte Aggression richtet sich gegen sie selbst und raubt ihnen alle Energie und das Vertrauen ins Leben.

Andere trauern ihr Leben lang der nicht gestillten Sehnsucht nach einer liebenden Mutter oder einem verläßlichen Vater nach. Weil sie als Kind nie die Mutter und den Vater erfahren haben, nach dem sie sich gesehnt haben, verweigern sie entweder das Leben, oder sie suchen nach Ersatzmüttern oder Ersatzvätern, die aber ihre Erwartungen meistens auch nicht erfüllen können. Der Glaube, daß wir Söhne und Töchter Gottes sind, soll uns auch hier befreien von der ständigen Suche nach menschlichen Müttern und Vätern. Wir sollen dankbar sein für die guten Vater- und Muttererfahrungen, aber wir können uns nicht daran festklammern. Wir sollen den Eltern zurückgeben, was sie uns gegeben haben. Sie haben uns das Leben geschenkt, die Erziehung, die Basis für unseren Beruf. Wir verdanken ihnen unsere Wurzeln, aus denen heraus unser Lebensbaum wachsen kann. Aber wir verdanken ihnen nicht unsere Einmaligkeit, unser einzigartiges Bild. Das verdanken wir Gott. Und weil wir es Gott verdanken, gehören wir Ihm, sollen wir unser Leben Ihm geben, sollen wir uns Ihm hingeben. Das führt in die wahre Freiheit.

Die Freiheit, die Jesus den Menschen gebracht hat, war vor allem auch Freiheit vom Gesetz. Das drückt sich in dem Wort über die Stellung der Christen zum Sabbat aus: »Der Sabbat ist für den Menschen da, nicht der Mensch für den Sabbat.« (Markus 2,27) Die Feier des Sabbats entspricht der Schöpfungsordnung Gottes. Gott, der am siebten Tag von seiner Arbeit ausruhte, gibt auch dem Menschen das Gebot, am Sabbat von seiner Arbeit abzusehen und sich der Ruhe und Freude über Gottes Schöpfung hinzugeben. Das Sabbatgebot ist also für den Menschen geschaffen. Aber die Tradition hat aus dem menschenfreundlichen

Gebot Gottes ein rigides Gesetz gemacht, das bei jedem noch so kleinen Übertritt sofort geahndet wird, sogar mit Todesstrafe. Jesus stellt mit seinem Satz die ursprüngliche Freiheit wieder her. »Gott will freie Partner, die in ihrem Herzen an ihn gebunden sind und aus dieser Bindung heraus frei zu entscheiden vermögen, was in der jeweiligen Situation Gottes Wille ist.« (Grundmann, Markus 93)

Manch einer mag meinen, der Sabbatkonflikt der Jünger Jesu sei ein typisch jüdischer Konflikt, über den wir längst erhaben sind. Aber ich erlebe viele Menschen, die in ihrem Herzen ähnlich denken wie die Pharisäer damals. Sie leben in ständiger Angst, daß sie ein Gebot Gottes übertreten könnten. Und wenn etwas in ihrem Leben schiefgeht, dann sehen sie darin sofort eine Strafe Gottes. Für uns sind es nicht die jüdischen Gebote, die uns bedrängen, sondern die Gebote unserer Eltern, die sich in uns eingegraben haben: »So etwas tut man nicht. So darf man nicht denken. Das darf man nie sagen.« Auch die elterlichen Gebote waren meistens gut gemeint. Aber sie werden in uns leicht zu einer absoluten Norm, die uns einengt und Angst macht. Dann führen solche inneren Gebote in die Unfreiheit.

Jesus verkündet unsere Freiheit von der absoluten Macht der Gesetze. Alle Gesetze sind für den Menschen da und nicht umgekehrt. Was unserem Wesen wirklich entspricht, das ist die höchste Norm. Wenn wir unserem Wesen gemäß leben, dann tut uns das gut, dann sind wir frei. Und in diesem Gespür für das Wesentliche dürfen wir auch ein Gebot übertreten. Augustinus hat das in seinem berühmten Wort ausgedrückt: »Liebe, und tu, was du willst.« Die Liebe entspricht unserem Wesen. Wenn wir lieben, dann handeln wir wesensgemäß, dann tun wir von innen heraus das Richtige und brauchen uns nicht ängstlich an die Gebote zu klammern. Dann sind wir wahrhaft frei.

Jesus hat die Freiheit gegenüber dem Gesetz und gegenüber den Erwartungen der Menschen nicht nur verkündet, sondern sie auch selbst gelebt. Als er am Sabbat den Mann mit der verdorrten Hand in der Synagoge heilte (Markus 3,1–6), da ließ er sich von den feindlichen Blicken der Pharisäer nicht bestimmen, sondern folgte dem eigenen Impuls. Er sah jeden einzelnen seiner Gegner voll Zorn und Trauer an. Er distanzierte sich von ihren Erwartungen, ohne die Verbindung mit ihnen abzubrechen. Im Zorn befreite er sich von ihrer Macht. Da zog er eine klare Grenze zwischen sich und ihnen: »Da bin ich und da seid Ihr. Ich verstehe Euch und Eure Herzenshärte, Eure Angst und Enge, die Euch so verkrampft und verstockt. Aber ich lasse mich von Euch und Eurem erstorbenen Herzen nicht bestimmen. Ich tue das, was ich für richtig halte.« Das ist wahre Freiheit. Jesus läßt sich von den feindlichen Menschen nicht bestimmen. Er läßt sich weder von seinem heilenden Tun abhalten, noch sich in die Feindschaft treiben. Er handelt souverän, ohne die Brücke abzureißen, die er ihnen mit seiner Trauer (syl-lypoumenos = mitfühlen, mit ihnen trauern) anbietet.

»Die Wahrheit wird euch freimachen« – *Johannesevangelium*

Das Johannesevangelium berichtet uns von vielen Streitgesprächen Jesu mit den Juden. In dem Gespräch, das uns in Johannes 8,30–40 überliefert ist, geht es um das Thema der Freiheit. Jesus setzt sich in diesem Gespräch mit den Juden auseinander. Aber vermutlich will Johannes an dieser Stelle auch eine Antwort auf die Frage nach der wahren Freiheit geben, so wie sie zu seiner Zeit durch die Geistesströmung der Gnosis mit ihrem Streben nach erlösender Erkenntnis gestellt wurde. Johannes verbindet die Wahrheit mit der Freiheit: »Wenn ihr in meinem Wort bleibt, seid ihr wirklich meine Jünger. Dann werdet ihr die Wahrheit erkennen, und die Wahrheit wird euch befreien.« (Johannes 8,31f) Während Paulus mit seiner Botschaft von der Freiheit des Christen den Diasporajuden antwortet, für die die Frage nach der Gerechtigkeit bestimmend war, verrät das Johannesevangelium »eine Geisteswelt, die auf das heterodoxe Judentum weist, für das esoterische Spekulationen und eine Tendenz zum dualistisch-gnostischen Gottesbegriff kennzeichnend sind« (Niederwimmer 223). Die geistige Welt, in die Johannes die Worte Jesu hineinspricht, gleicht unserer heutigen spirituellen Atmosphäre mit den Strömungen von New Age und Esoterik.

Die Wahrheit befreit

Jesus diskutiert in diesem Gespräch mit den Juden, die sich schon frei fühlen, weil sie Söhne Abrahams sind. Er zeigt ihnen auf, daß ihre vermeintliche Freiheit in Wirklichkeit Illusion ist. Die Herkunft von Abraham nützt ihnen nichts, weil sie Knechte der Sünde sind. »Wer die Sünde tut, ist Sklave der Sünde.« (Johannes 8,34) Die Juden sind Repräsentanten der Welt, die dem Wahn verfallen ist, sie könne sich selbst das Heil verschaffen. Die Welt ist für Johannes nicht die Schöpfung an sich. Denn die ist gut, von Gott geschaffen. Die Welt ist vielmehr die irdische Welt des Trugs und der Lüge, die Welt, die sich gegenüber Gott verschließt, die pervertierte Schöpfung (Bultmann).

Die Wirklichkeit der Welt ist Lüge in dem doppelten Sinn: sie ist Verlogenheit, indem sie etwas tun will, was man nicht kann, – nämlich als Geschöpf Schöpfer sein –, sie lebt also in der Illusion und alle ihre Werte tragen den Charakter der Illusion an sich. Und sie ist Lüge, indem sie täuscht, indem sie ihre Scheinwirklichkeit, oder eigentlich Unwirklichkeit, als Wahrheit ausgibt. (Niederwimmer 227)

Die Welt, die an die Lüge verfallen ist, macht den Menschen unfrei. Er verfällt der Illusion und verliert den Kontakt zur Wirklichkeit, zur Wirklichkeit Gottes und zu seiner eigenen Realität.

Die Wahrheit, die uns frei macht, ist die göttliche Wirklichkeit. Das ganze Johannesevangelium schildert uns, wie in die Welt der Lüge und der Finsternis in Jesus Christus das Licht Gottes eingedrungen ist. Johannes versteht Jesus als den Offenbarer, der die Wirklichkeit Gottes mitten in dieser verschlossenen Welt aufzeigt. Aber er redet nicht bloß über diese Wirklichkeit Gottes. Er ist selbst der Offenbarer, er ist selbst die Wahrheit, die den Schleier aufhebt, der über der Welt liegt, und die Verschlossenheit aufbricht, damit Gottes Herrlichkeit in ihm aufleuchtet. Jesus selbst ist das Brot des Lebens (Johannes 6,35),

weil er das eigentliche Leben in einer dem Ursprung des Lebens entfremdeten Welt repräsentiert und weil ihn gewinnen heißt das Leben gewinnen. Er ist ›Licht der Welt‹ (9,12), weil er – nicht bloß in seinen Worten und Taten, sondern in Person – die unverfälschte Wirklichkeit darstellt. Er ist die ›Tür‹ (10,9), weil er den Zugang zu dem verlorenen Ursprung öffnet, er ist der ›gute (rechte, ›wahre‹) Hirte‹ (10,11 und 14), weil er wirklich den Menschen führen und geleiten kann, während alle Führung, mit der sich diese Welt selbst führt, Weg in die Finsternis ist. (Ebd. 229)

Indem Jesus selbst die Wahrheit ist, bringt er der Welt die Freiheit. Jesus selbst ist die wahre Freiheit. Wer an ihn glaubt, der erfährt die Freiheit von aller Lüge und Illusion, der wird frei von der Knechtschaft der Sünde, der wird aus der Verschlossenheit dieser Welt befreit und in die Wirklichkeit Gottes hinein versetzt.

Wahrheit heißt im Griechischen »aletheia«, das meint Unverhülltsein, Offenbarwerden. Der

Schleier, der über allem liegt, wird weggezogen, und wir blicken durch, wir kommen in Berührung mit der eigentlichen Wirklichkeit. Wir sehen die Welt so, wie sie wirklich ist, daß sie Gottes gute Schöpfung ist, daß sich in dieser Welt Gottes Herrlichkeit offenbart, daß diese Welt vom göttlichen Wort geschaffen und geprägt ist. Wer die Wirklichkeit so sieht, wie sie wirklich ist, der ist wahrhaft frei. Er ist frei geworden von den Illusionen, die er sich über die Welt gemacht hat.

Wir alle leben häufig in irgendwelchen Illusionen über unser Leben. Wir sind der Illusion verfallen, daß wir die Besten und Größten und Intelligentesten sind, daß mit uns alles stimmt, daß wir alles richtig machen. Wir leben in der Illusion, als ob immer alles gelingen müßte, als ob wir alles selbst machen könnten, als ob wir uns selbst zu guten und vollkommenen Christen formen könnten. Wir täuschen uns, wenn wir glauben, wir würden uns selbst genügen, wir bräuchten Gott nicht für unser Leben. Solche Illusionen führen in die Unfreiheit. Wir sind gefangen in dieser Scheinwirklichkeit. Wir hängen in der Luft, ohne Bodenhaftung zur wahren Wirklichkeit. Die Wahrheit wird uns frei machen.

Erst wenn wir die Wirklichkeit so erkennen, wie sie in Wahrheit ist, können wir richtig damit umgehen, können wir als freie Menschen in dieser Welt leben. Dann hat die Welt keine Macht über uns. Wir machen uns ja Illusionen über die Welt, weil wir im Grund unseres Herzens Angst haben vor ihr, Angst vor ihren Abgründen, vor ihrer Dunkelheit, Angst vor dem Schicksal, Angst vor dem Chaos, Angst vor der Bedrohung, die uns überall in dieser Welt auflauert. Ich kenne viele Menschen, die ständig auf der Flucht sind vor der eigenen Wahrheit. Sie haben Angst vor der Stille. Da könnte ja in ihnen etwas hochkommen, was sie nicht im Griff haben.

Einmal habe ich für einen Familienkreis eine Wanderwoche veranstaltet. Ich schlug vor, wie bei den Jugendwanderungen auch hier jeweils eine Stunde am Tag schweigend zu wandern. Eine Frau wehrte sofort ab. Das würde ihr Angst machen. Da hätte sie ja nichts in der Hand. Da wüßte sie nicht, was da in ihr alles hochkommen würde. Eine andere war gegen das Schweigen, weil die Kinder es nicht aushalten würden. Aber dahinter versteckte sie nur die eigene Angst. Denn die Kinder konnten sich sehr gut auf das Schweigen einlassen. Am zweiten Tag fragten sie mich schon ganz neugierig, ob wir das wieder so machen würden »mit den schönen Gedanken«. Schweigen war für sie, sich schöne Gedanken auszudenken, den guten Gedanken, die in ihnen auftauchten, nachzugehen.

Viele sind ihr ganzes Leben lang auf der Flucht vor sich selbst. Weil sie Angst haben vor der eigenen Wahrheit, sind sie Sklaven ihrer eigenen Betriebsamkeit geworden. Es muß immer etwas los sein. Das Schlimmste, das ihnen passieren kann, wäre, daß nichts los ist, daß sie nichts hätten, womit sie sich gegen die aufkommende Wahrheit wehren könnten.

Frei werden wir erst, wenn wir uns der eigenen Wahrheit stellen. Natürlich ist das anfangs schmerzlich. Wir werden erkennen, was wir alles verdrängt haben, wo wir die Augen verschlossen haben, weil die Wirklichkeit nicht so ist, wie wir sie gerne sehen würden. Wir können uns der eigenen Wahrheit nur dann ohne Angst stellen, wenn wir daran glauben, daß alles, was in uns ist, von Gottes Liebe umfangen ist. Das hat Johannes uns in seinem Evangelium im Bild der Fußwaschung zugesagt. Jesus beugt sich in seiner Menschwerdung und in seinem Sterben am Kreuz bis hinab in den Staub dieser Erde, bis hinab zu unseren Füßen, zu unserer verwundbaren Stelle, zu unserer Achillesferse, bis zu den ungeschützten Bereichen unserer Seele, um uns dort liebevoll zu berühren und zu reinigen. Damit will er uns sagen, daß alles sein darf, daß alles gut ist, daß alles von Gottes Liebe umfangen ist.

Es geht nicht darum, daß wir einander die Wahrheit um die Ohren schlagen. Das wird uns verletzen und überfordern. Es geht vielmehr um den Glauben, daß das Licht Gottes in Jesus Christus in meine Finsternis hinein leuchtet, um auch in den Abgründen meines Herzens Gottes Liebe wohnen zu lassen. Und weil Gottes Liebe auch noch im tiefsten Chaos und in der dunkelsten Finsternis wohnt, darf auch ich diese verborgenen Kammern meines Herzens betreten und darin wohnen. Denn es gibt nichts, was mich von Gottes Liebe trennt, die sich in Jesus Christus hinabgebeugt hat bis zu meinen staubigen und schmutzigen Füßen.

Ich erlebe immer wieder Menschen, die Angst haben vor der Psychologie. Sie meinen, wenn sie anfangen würden, ihre Träume anzuschauen oder ihre Kindheit zu erforschen, dann würde es in ihnen eine Explosion geben, dann bliebe von ihnen nichts mehr übrig, dann würde ihre Person völlig zusammenfallen. Ich nehme diese Angst immer ernst. Denn sie ist ein Schutz, den sie brauchen. Vielleicht sind sie überfordert, alleine in die Tiefen ihrer Seele zu schauen. Sie brauchen einen, der sich ähnlich liebevoll zu ihren verwundbaren Stellen hinabbeugt und sie berührt wie Jesus bei der Fußwaschung. Sie brauchen die Gewißheit, daß sie nicht verurteilt werden, daß es nichts in ihnen gibt, das sie von Gottes Liebe ausschließt, daß nichts in ihnen ist, was nicht von Gottes Geist verwandelt werden könnte. Erst wenn sie Jesu Botschaft glauben, daß er als Licht in ihre Finsternis gekommen ist, können sie sich der eigenen Dunkelheit stellen. Und das wird sie wahrhaft frei machen. Solange sie auf der Flucht sind, müssen sie sich immer neue Strategien ausdenken, die eigene Wahrheit zu verdrängen. Und sie wissen, daß das nicht geht. Denn spätestens in der Nacht wird sie die Wahrheit einholen. Da werden sie Alpträume plagen. Oder aber der Leib wird ihnen ihre Wahrheit schonungslos vor Augen halten. Und sie wissen, daß sie ihre Wahrheit kaum vor anderen Menschen verbergen können.

Immer wieder höre ich in der Begleitung Worte wie: »Wenn die anderen wüßten, wer ich bin, was in mir für Phantasien sind, was für ein schlechter Mensch ich bin, dann würden sie mich verachten.« Und ich höre aus solchen Bemerkungen heraus, daß sie Angst haben, die anderen könnten an ihren Worten, an ihrem Verhalten, an ihren Versprechern, an ihrer Unsicherheit bemerken, was da in ihnen ist. Viele fühlen sich schutzlos den anderen ausgeliefert. Sie glauben, die anderen würden in die Abgründe ihrer Seele sehen. Und alle Mühe, die sie sich gäben, um ihre Fassade aufzubauen, sei nutzlos. Sie wären wie ein Glashaus, in das man von außen hineinschauen könne, in dem man nichts verbergen könne.

Wer sich seiner Wahrheit gestellt hat, weiß, daß er sich selbst nicht verstecken muß, und daß er nichts in sich zu verbergen hat. Denn alles darf sein, alles ist von Gottes Licht durchdrungen. In allen Abgründen seines Herzens wohnt Gott. Und weil Gott, die Liebe, in ihm wohnt, darf er alle Räume seines Lebenshauses betreten und andere in sie einladen. Das gibt ein Gefühl der Freiheit und der Ruhe.

Ähnlich wie bei den Synoptikern hat auch bei Johannes unsere Freiheit etwas mit der Sohnschaft zu tun. Wer sündigt, wird zum Sklaven der Sünde. Der Sohn Gottes, Jesus Christus, ist nicht nur der Offenbarer, sondern auch der Befreier: »Wenn euch also der Sohn befreit, dann seid ihr wirklich frei.« (Johannes 8,36) Es nützt den Juden nichts, sich darauf zu berufen, daß sie Nachkommen Abrahams sind. Die Zugehörigkeit zu einem Volk garantiert noch nicht die innere Freiheit. Wirklich frei macht allein der Sohn, der uns zu Söhnen und Töchtern Gottes macht. Der Sohn, der am Herzen des Vaters ruht, offenbart uns Gott, wie er wirklich ist. Und er offenbart uns auch das Wesen des Menschen. Er zeigt uns unsere wahre Würde, unsere Würde als Söhne und Töchter Gottes. Als Kinder Gottes sind wir nicht mehr Sklaven der Sünde. In uns ist ewiges Leben, eine neue Lebensqualität, die uns der Sohn schenkt.

Der Sohn kann von sich selbst sagen, daß er der Weg, die Wahrheit und das Leben ist. (Johannes 14,6) Die Wahrheit, die uns frei macht, ist Jesus selbst, in dem uns die Wirklichkeit Gottes und unsere eigene aufscheint, in dem uns aufgedeckt wird, wer wir im Tiefsten eigentlich sind, und in dem uns Gottes Liebe offenbar wird. Nur in dieser Liebe Gottes, die uns auf dem Antlitz Jesu Christi aufleuchtet, können wir uns der eigenen Wahrheit stellen, können wir die Freiheit erfahren, die sie uns bringt.

Sich in Freiheit für die Menschen hingeben

Jesus, der Sohn Gottes, zeichnet sich durch drei Eigenschaften aus: durch die Freiheit (eleutheria), durch die freie Rede (parresia) und durch die freie Selbsthingabe am Kreuz. Jesus geht in aller Freiheit seinen Weg. Er ist auch frei in seiner Lebenshingabe am Kreuz. Auch wenn es nach außen hin so aussieht, als ob er von den Soldaten des Hohenpriesters gefangengenommen und von den Römern ans Kreuz geschlagen wird, in Wirklichkeit gibt er in aller Freiheit sein Leben für uns dahin:

»Deshalb liebt mich der Vater, weil ich mein Leben hingebe, um es wieder zu nehmen. Niemand entreißt es mir, sondern ich gebe es aus freiem Willen hin.« (Johannes 10,17f)

»Eleutheros« kommt von »erchomai« und bedeutet den, der hingehen kann, wohin er will, der sein eigener Herr ist, unabhängig von anderen. Jesus geht den Weg, den er will. Kein Mensch kann ihn zu etwas zwingen, was er nicht selbst will. Aber diese Freiheit benutzt Jesus nicht, um sich von den Menschen frei zu fühlen. Für ihn bedeutet Freiheit wesentlich auch, frei zu sein für die Menschen, sich für sie hinzugeben aus Liebe. Wer Freiheit nur so versteht, daß er tun kann, was er will, der ist oft genug an seine eigenen Wünsche gebunden. Die wahre Freiheit drückt sich darin aus, daß ich frei bin von mir selbst, daß ich mich in dieser Freiheit für andere einsetzen kann, daß ich mich frei an ein Werk hingeben und mich vergessen kann im Dienst an den Menschen.

Freiheit ist für das Johannesevangelium wesentlich Liebe. Jesus sagt von dieser Liebe, die ihn frei macht von allem Festhalten an sich selbst: »Es gibt keine größere Liebe, als wenn einer sein Leben für seine Freunde hingibt.« (Johannes 15,13) Wer bei allem, was er tut, immer darauf sehen muß, was es für ihn bringt, der ist nicht wirklich frei, der erfährt nicht wirklich Freundschaft. Freundschaft und Liebe brauchen die Freiheit von allem Sichfestklammern am eigenen Leben. Aber diese Freiheit ist keine Leistung, die ich Gott und den anderen erbringen kann, sondern Ausdruck wahrer Liebe. Erst in der Liebe zu Gott und zu den Menschen werde ich wahrhaft frei.

Jesus, der sich als Sohn Gottes ganz besaß, war zugleich frei. Er mußte nicht an sich festhalten, sondern konnte sich in der Freiheit hinabbeugen bis zum Staub unserer Füße, bis zur tiefsten Wunde des Todes. Paulus hat diese johanneische Sicht in seinem Hymnus ausgedrückt: »Er war Gott gleich, hielt aber nicht daran fest, wie Gott zu sein, sondern er entäußerte sich und wurde wie ein Sklave und den Menschen gleich.« (Philipper 2,6f)

Wir wollen wie Gott sein und wachen ängstlich darüber, daß wir an unserer Größe festhalten. Wer Gott in sich erfährt, der braucht sich nicht an sich festzuklammern. Er ist frei, sich hinabzubeugen. Denn er weiß, daß Gott auch in der Niedrigkeit in ihm ist. Wer sich krampfhaft an sich klammert, der ist nicht bei sich, und der hat Gott nicht wirklich erfahren. Die Freiheit, sich hinzugeben, ist immer auch Kriterium wahrer Gotteserfahrung. Die Gewißheit, daß Gott in mir ist, befreit mich von aller Selbstabsicherung und Selbstfixierung.

Und noch eine andere Haltung prägt die Freiheit Jesu: der Gehorsam. Jesus geht seinen Weg nicht willkürlich, sondern im Gehorsam seinem Vater gegenüber. Der Gehorsam dem Vater gegenüber befreit ihn vom Hörigsein gegenüber den Menschen. In diese Freiheit der Sohnschaft will er uns auch führen. Wenn wir auf Gottes Stimme hören und Gottes Gebote befolgen, dann sind wir wahrhaft frei, dann haben die Menschen keine

Macht über uns, dann hat die Welt keine Macht über uns. Denn im Gehorsam dem Vater gegenüber hat Christus die Welt besiegt. (Vgl. Johannes 16,33) Er entreißt auch uns der Macht dieser Welt, ihrer Maßstäbe, ihrer Urteile, ihrer Ansprüche, ihrer Erwartungen. Wer als Sohn und Tochter auf Gottes Stimme hört, wird unabhängig von den Stimmen der Menschen, die ihn bewerten, ihn beurteilen, ihn kritisieren, ihn in eine bestimmte Richtung drängen wollen.

Parresia – die freie Rede

Was Jesus bei Johannes vor allem auszeichnet, ist die »parresia«, die freie Rede. Parresia ist für die Griechen eine wichtige Eigenschaft des freien Bürgers. Parresia meint einmal das Recht, im Staat alles zu sagen, was man denkt. Zum anderen bezeichnet sie den Mut, die Wahrheit zu sagen, unabhängig von der Meinung der anderen. Und sie meint die Offenheit und das Vertrauen, vor anderen die Wahrheit zu sagen. (Vgl. Schlier, ThW 878f) Neben der politischen Bedeutung spielt die parresia bei den Griechen eine wichtige Rolle in der persönlichen Freundschaft. Sie ist Zeichen der Freundschaft. Sie ist die Offenheit, den Freund auch zu tadeln und ihm alles zu sagen, was einem selbst auf dem Herzen liegt, und was einem am Freund in die Augen fällt.

Jesus nimmt für sich in Anspruch, daß er in aller Öffentlichkeit und mit allem Freimut gesprochen hat: »Ich habe offen (parresia) vor aller Welt gesprochen.« (Johannes 18,20) Trotzdem bleibt sein wahres Wesen den Juden verborgen. (Vgl. Johannes 10,24) Erst wenn er uns den Geist der Wahrheit sendet (Johannes 16,13), wird er uns unverhüllt und offen den Vater verkünden (vgl. Johannes 16,25).

Im ersten Johannesbrief wird uns die parresia als Offenheit und Vertrauen Gott gegenüber geschenkt. Die Voraussetzung für solch offenes Vertrauen zu Gott ist das gute Gewissen: »Wenn das Herz uns aber nicht verurteilt, haben wir gegenüber Gott Zuversicht (parresia).« (1 Johannes 3,21) Und wir haben solches Vertrauen, vor Gott alles zu sagen, was in uns ist, weil wir den Geist haben, »den er uns gegeben hat« (1 Johannes 3,24). Für Schlier ist die parresia, »die Freiheit zu Gott, das Recht und die Macht, Gott alles zu sagen« (ebd. 879). Sie ist immer dort, »wo einer, im Gehorsam gegen Jesu Gebote vom Geiste belehrt, mit Gottes Willen geeint, sich im Gebet zu ihm öffnet« (ebd. 879).

Parresia ist also auch eine wichtige Gabe, die uns Jesus Christus, der Sohn und Offenbarer Gottes, schenkt. Ich erlebe oft Menschen, die sich vor jedem Gespräch den Kopf zergrübeln, was sie alles sagen sollten, damit es auch gut ankommt. Mir hat ein Steuerberater geschrieben, der die besten Noten im Examen hatte, aber einfach keine geeignete Arbeitsstelle bekam. Vor jedem Vorstellungsgespräch überlegte er sich tagelang, was er sagen sollte, was die Leute denken könnten, wenn er das oder jenes sagen würde, ob sie dann erkennen würden, daß er psychische Probleme habe. Er denkt sich jedes Gespräch in allen Einzelheiten aus und malt sich die Folgen aus, die seine Worte bei den Firmenchefs auslösen könnten. Das führt dazu, daß er so verkrampft ist, daß er im Gespräch nichts Sinnvolles mehr herausbringt. Weil er Angst hat, sie könnten seine Worte falsch deuten, überlegt er bei jedem Wort, was andere dabei denken könnten. So wird er völlig blockiert.

So schlimm ist es wohl bei den meisten von uns nicht. Aber ich kenne das von früheren Gesprächen auch, daß ich mir da viel zu viel Gedanken gemacht habe, was wohl die anderen von mir erwarten, welchen Eindruck ich auf die anderen machen würde, welche Folgen das für mich haben könnte und so weiter. So eine Angst verhindert jedes vernünftige Gespräch.

Angst (phobos) ist das Gegenteil der parresia, des Freimutes. Viele haben Angst, ihre Worte würden etwas von ihnen offenbaren, was sie am liebsten verbergen möchten. All das, was sie mühsam verdrängt haben, könnten andere aus ihren Worten, aus ihrem Stottern, aus ihrer Stimme, aus ihren Hemmungen herauslesen. Es ist wieder die Angst vor der eigenen Wahrheit, nun aber die Angst, die anderen könnten meine Wahrheit erkennen. Für Johannes können wir diese Angst nur durch den Glauben überwinden, daß Christus uns seinen Geist geschenkt hat, daß wir im Geist Jesu Zugang haben zum Vater, daß Gott uns in diesem Geist nahe ist, und daß wir durch den Geist Gemeinschaft haben mit dem dreifaltigen Gott.

»Wenn jemand mich liebt, wird er an meinem Wort festhalten; mein Vater wird ihn lieben, und wir werden zu ihm kommen und bei ihm wohnen.« (Johannes 14,23) Weil Gott in uns wohnt, weil wir restlos von ihm angenommen und geliebt sind, brauchen wir keine Angst zu haben, wenn Menschen über uns etwas Negatives denken. Wir sind nicht abhängig von ihrem Urteil.

Natürlich weiß ich, daß vielen diese Gedanken allein gar nichts nützen. Trotz aller Einsicht, daß es doch nicht so wichtig ist, was andere von ihnen denken, können sie sich von der Angst vor ihrem Urteil doch nicht frei machen. Sie gehen trotzdem in jedes Gespräch und in jede Gruppe mit dieser Angst, was wohl die anderen von ihnen denken. Oft genug projizieren sie dann ihre eigene Selbstablehnung in die anderen hinein und interpretieren jede kleine Bemerkung als Ablehnung, Kritik, Verurteilung, Abwertung. Es braucht lange, bis man sich so intensiv in die Wirklichkeit der Liebe Gottes, die in uns wohnt, hineinmeditiert hat, bis Gottes Wirklichkeit stärker ist als die Gedanken, die wir uns über uns und die anderen machen, bis der Geist Gottes uns mehr durchdringt als der Geist der Angst und Sorge.

Es gibt keinen Trick, diese Freiheit zu erringen. Aber ich habe oft genug erlebt, daß Menschen, die sich lange darum gemüht haben, an die Wirklichkeit Gottes in ihrem Leben zu glauben, sich auf einmal ganz frei gefühlt haben. Ein Priester, der von vielen Ängsten getrieben war, erzählte, daß er sich einmal für einen kurzen Augenblick ganz frei gefühlt hat. Das war für ihn ein Glücksgefühl. Und da ist eine Mauer zerbrochen. Da ist die Hoffnung gewachsen, daß diese Erfahrung immer wieder einmal die Angst zurückdrängen kann. Diese Freiheitserfahrung war zugleich Gotteserfahrung.

Wenn wir Gott im Glauben wirklich ergreifen, dann sind wir zugleich frei, dann sind auf einmal alle Gedanken nicht mehr wichtig, was die anderen von uns halten, welchen Eindruck wir da machen. Da sind wir ganz wir selbst, da sind wir wahrhaft Söhne und Töchter Gottes, da erleben wir den Geist, den Christus uns geschenkt hat, als Geist der Freiheit (eleutheria) und des Freimuts (parresia).

Die Botschaft der Freiheit bei Paulus

Paulus ist wohl der Apostel, der am tiefsten erfahren hat, was christliche Freiheit ist. Er hat die Unfreiheit am eigenen Leib erlebt. Er hat sich total in einen Leistungsdruck hineinmanövriert, aus dem er nicht mehr herauskam. Er hat mit immer größerer Anstrengung versucht, die Gebote der Überlieferung zu befolgen. Dabei ist er immer aggressiver gegen Andersdenkende geworden. Er hat die Anhänger des »neuen Weges« (Apg 9,2) verfolgt, offensichtlich, weil er davon zugleich verunsichert und fasziniert war.

Oft verfolgen wir gerade den, von dem wir fasziniert sind. Paulus kam aus eigener Kraft nicht aus diesem Teufelskreis der Aggressivität heraus.

Gott selbst mußte ihn von dem Terror befreien, den er nicht nur gegenüber den Christen, sondern auch gegen sein eigenes Herz inszenierte. Und so stürzte er zu Boden, er fiel vom hohen Roß, von dem aus er alle Andersdenkenden verurteilt hatte. Da brach sein ganzes bisheriges Lebensgebäude zusammen. Seine Sicht verdunkelte sich. Er, der mit seinem Willen alles angepackt hat, was er wollte, wurde hilflos. Er konnte nichts mehr selbst tun. Er mußte sich von anderen führen und sich von anderen belehren lassen, und zwar gerade in der Lehre, die er bisher verfolgt hatte. Diese grundlegende Erfahrung hat Paulus zum Verkünder der christlichen Freiheit werden lassen. Er, der das innere Gefängnis des menschlichen Herzens wie kein anderer gekannt hat, hat in der Verkündigung der Freiheit einen ganz neuen Ton angeschlagen, einen Ton, der auch heute noch faszinierend klingt, und den wir bis heute noch nicht in seinem vollen Klang gehört haben.

Für uns ist es tröstlich, daß Paulus auch nach seiner Bekehrung noch zwanghafte Züge trägt, daß seine neurotischen Symptome nicht einfach verschwunden sind. Aber gerade in seiner Zwanghaftigkeit, die aus manchen Passagen seiner Briefe spricht, hat er ein tiefes Gespür für die Unfreiheit des Menschen entwickelt und für die Freiheit, zu der uns Jesus Christus befreit hat. Weil er in seinem zwanghaften Charakter immer wieder am eigenen Leib erlebt, wie sehr er nicht tun kann, was er gerne möchte, wie in ihm ein anderes Gesetz ist, das ihn bestimmt, ahnt er auch, was es um das Geschenk der Freiheit ist, das uns Christus gebracht hat.

Die Freiheit von Zwängen

Paulus stellt die Freiheit der Sohnschaft der Sklaverei gegenüber, in der wir uns vor Christus vorgefunden haben:

Als aber die Zeit erfüllt war, sandte Gott seinen Sohn, geboren von einer Frau und dem Gesetz unterstellt, damit er die freikaufe, die unter dem Gesetz stehen, und damit wir die Sohnschaft erlangen. Weil ihr aber Söhne seid, sandte Gott den Geist seines Sohnes in unser Herz, den Geist, der ruft: Abba, Vater. Daher bist du nicht mehr Sklave, sondern Sohn; bist du aber Sohn, dann auch Erbe, Erbe durch Gott. (Galater 4,4–7)

Das ist die zentrale Botschaft, die er den Galatern schreibt, und in der er das Evangelium von Jesus Christus, wie er es versteht, zusammenfaßt. Christus hat uns befreit, weil er uns von Sklaven zu Söhnen und Töchtern Gottes, unseres Vaters, gemacht hat. Es ist eine vierfache Knechtschaft, von der Paulus schreibt, und eine vierfache Freiheit, in die uns Christus hineinführt.

Da ist zunächst die Knechtschaft der Sünde. Paulus setzt die beiden Begriff »doulos« (Sklave) und »eleutheros« (Freier) einander gegenüber. Der Sklave muß einen Dienst tun, ob er will oder nicht. »Ist der Mensch der Sünde hörig, dann vermag er nicht, sich dem Sündigen zu entziehen, er ist dann in den Bann einer fremden Macht gekommen.«

(Niederwimmer 114) Sünde ist für Paulus keine freie Entscheidung des Menschen, die in sein Belieben gestellt ist. Vielmehr ist der Mensch der Sünde verkauft. Es »bin nicht mehr ich es, der so handelt, sondern die in mir wohnende Sünde« (Römer 7,17).

Es gibt offensichtlich im Menschen einen Hang zu sündigen, einen Hang, sich selbst absolut zu setzen und sich von Gott loszusagen. Sünde ist hier nicht das Übertreten von Geboten, sondern »der Versuch des Menschen, sich absolut zu setzen« (ebd. 116). Paulus kann die Sünde als selbständige Macht beschreiben. »Die Sünde kam in die Welt (Römer 5,12), sie gelangte zur Herrschaft (5,21), der Mensch ist ihr Sklave (6,16ff), ist unter sie verkauft (7,14), sie wohnt in ihm (7.17.20).« (Ebd. 115)

Die zweite Art der Knechtschaft bezieht sich auf das Gesetz. Das Gesetz ist in sich nicht schlecht. Es ist ja von Gott selbst geschaffen, damit der Mensch nach Gottes Willen leben kann. Aber das »Gesetz trifft auf den Sünder, es setzt mit seinem Ruf den Sünder in Bewegung und damit die Sünde« (ebd. 118). Statt den Menschen zu retten, versklavt es ihn. Nicht das Gesetz an sich ist schlecht, sondern der Mensch ist immer in Gefahr, mit ihm nicht gut umzugehen. Er verfälscht die Absicht des Gesetzes, wenn er meint, er könne sein Heil selbst wirken, indem er nur alle Gebote hält. Dann führt das Gesetz den Menschen nicht zu Gott, sondern nur zur eigenen Selbstbehauptung. Er will sich und Gott beweisen, daß er gut ist und das Gute tun kann. Es geht ihm dabei nicht um Gott, sondern um sich selbst, um die eigene Gerechtigkeit. Er möchte Gott zeigen, daß ihm gar nichts anderes übrig bleibt, als ihn zu belohnen. Nicht die Begegnung mit dem lebendigen Gott ist ihm wichtig, sondern der Beweis seines eigenen Gutseins und Richtigseins. Damit aber verschließt sich der Mensch durch das Gesetz gegenüber Gott, der sein Herz möchte und nicht seine Leistung.

Der Mensch ist ferner »Knecht der Täuschung und der Lüge« (ebd. 135). Die Sünde ist es, die den Menschen täuscht und ihn betrügt. (Vgl. Römer 7,11)

Der Trug, mit dem die Sünde trügt, besteht nun nach Paulus Römer 7,11 darin, daß die Sünde vorgibt, das Leben zu verschaffen, daß sie in Wahrheit aber in den Tod führt. Im Sündigen hofft der Mensch sein eigentliches Dasein zu gewinnen, er meint etwas, sein Leben, sich selbst, zu verfehlen, wenn er das Sündigen läßt. Im Sündigen steht er unter dem mächtigen Eindruck einer Täuschung, einer Ver-tausch-ung von Wahrheit und vermeintlicher Wahrheit, Lüge. (Ebd. 136f)

Der Mensch wird betrogen durch den eitlen Wahn, durch sein Sich-rühmen-Wollen. Der Mensch rühmt sich seiner Werte und Taten, als hätte er alles aus sich selbst. In Wirklichkeit hat er es als Geschenk von Gott empfangen. (Vgl. 1 Korinther 4,7) Er macht sich selbst etwas vor, er betrügt sich selbst mit seinem angeberischen Prahlen.

Die vierte Weise der Knechtschaft ist das Verfallensein an die Macht des Todes. Der Mensch ist Knecht des Todes. Mit Tod meint Paulus nicht einfach den natürlichen Tod am Ende des Lebens. Der Tod ist für Paulus vielmehr Folge der Sünde. In der Sünde sondert sich der Mensch vom Urgrund des Lebens ab und liefert sich so dem Machtbereich des Todes aus. »Wer unter der Sünde existiert, ›verdient‹ sich als ›Lohn‹ den Tod. Mit dem Tode bezahlt die Sünde ihre Sklaven.« (Ebd. 138)

Die Macht des Todes zeigt sich in der Vergänglichkeit des Menschen, im Zerfall alles Lebendigen, in der Sinnlosigkeit, in der Erstarrung, im Abgeschnittensein vom wahren Leben, in der Enttäuschung und Verzweiflung. Wir leben zwar nach außen, aber in Wirklichkeit sind wir tot, in vielen Zwängen erstarrt. Es geht nichts mehr aus von uns. Wir haben uns eingemauert in die Mauern unserer Angst und Enge. Wir haben uns in uns selbst verkrampft. So kann nichts mehr fließen. Der Strom des Lebens ist in uns versiegt. Wir sind als Lebende dennoch tot.

Von dieser vierfachen Knechtschaft hat Christus uns befreit. Das ist die Frohe Botschaft des Paulus. Die Frage ist, wie wir diese Behauptung verstehen können. Paulus kann das in verschiedenen Bildern ausdrücken. Da ist einmal das Bild, daß wir nicht mehr Sklaven der Sünde, sondern der Gerechtigkeit geworden sind. Wer Knecht der Gerechtigkeit ist, der ist wirklich frei. Er muß sich nicht mehr um seine eigene Gerechtigkeit kümmern, er muß sie sich nicht durch Leistung erkaufen. Er weiß, daß er richtig ist, weil Christus selbst ihn nach Gottes Willen ausgerichtet hat, weil Christus ihm seinen Geist geschenkt hat. Die wahre Freiheit, in die Christus uns geführt hat, ist die Freiheit des Geistes. In diesem Geist brauchen wir nicht mehr in der Angst zu leben, daß wir an unserer Leistung gemessen werden.

Denn ihr habt nicht einen Geist empfangen, der euch zu Sklaven macht, so daß ihr euch immer noch fürchten müßtet, sondern ihr habt den Geist empfangen, der euch zu Söhnen macht, den Geist, in dem wir rufen: Abba, Vater! (Römer 8,15)

Der Geist, den wir durch Christus empfangen haben, ist wie ein Kraftbereich, in dem wir stehen, und in dem wir frei sind von den Mächten dieser Welt. Der Geist ist wie ein Raum, in den wir eintreten, wie eine Dimension des neuen Seins, wie die Dimension der Freiheit. Davon spricht Paulus immer wieder: »Denn das Gesetz des Geistes und des Lebens in Christus Jesus hat dich frei gemacht.« (Römer 8,2) Wer aus dem Geiste Christi lebt, der erlebt Freiheit. Wer aber vom Geist dieser Welt beherrscht wird, ist Sklave der Sünde, er ist unfrei.

Die Freiheit von der Sünde

Im zweiten Korintherbrief finden wir eine eigenartige Stelle, über die sich die Exegeten seit jeher Gedanken gemacht haben: »Der Herr aber ist der

Geist, und wo der Geist des Herrn wirkt, da ist Freiheit.« (2 Korinther 3,17) Im Umkreis der Gemeinde in Korinth war die Freiheit ein Schlagwort der Verkündigung. Paulus greift hier offensichtlich ein typisches Heilswort der Gnosis auf. Für die Gnosis war die Erkenntnis selbst schon Freiheit. In der wahren Erkenntnis übersteigt der Gnostiker diese Welt, so daß sie keine Macht über ihn hat. Paulus antwortet auf das gnostische Heilswort damit, daß die Gegenwart des erhöhten Christus im Geist den Christen die wahre Freiheit verleiht. Wo einer in Christus ist, ist er nicht nur neue Schöpfung (vgl. 2 Korinther 5,17), sondern da ist er auch frei von der Macht der Welt, da hat weder die Sünde Macht über ihn, noch die Menschen mit ihren Ansprüchen, da findet der Mensch seine wahre Würde und Freiheit.

Die Freiheit, zu der Christus uns befreit hat, ist die Freiheit von der Sünde, vom Gesetz und vom Tod. Die Freiheit von der Sünde zeigt sich darin, daß wir wie Jesus nicht mehr für uns selbst leben, sondern für Gott. Im Geist, den Christus uns schenkt, »ist das Dasein aus seiner Selbstbezogenheit und Verschlossenheit befreit« (ebd. 188). Indem der Mensch nicht mehr in sich verschlossen ist, sondern in Christus ist, ist er die Sünde los.

»Indem der Mensch Gottes Eigentum wird, gewinnt er seine Eigentlichkeit.« (Ebd. 189) Das Gesetz des Geistes befreit uns vom Gesetz der Sünde und des Todes. (Römer 8,2) Nicht mehr das Gesetz bestimmt uns, sondern die Gnade, die uns in Christus erschienen ist, und der Geist, den wir durch ihn empfangen haben. Und ebenso hat der Tod die Macht über uns verloren. Wir sind ja bereits mit Christus gestorben und auferstanden. Wir leben bereits jenseits der Schwelle. Also kann uns der Tod nichts mehr anhaben. Die Freiheit vom Tod ist zugleich Freiheit von der Angst und von der Sorge, von der der irdische Mensch geknechtet wird.

Die Frage ist, was diese theologischen Aussagen des heiligen Paulus konkret bedeuten, wie wir davon leben können. Ich möchte versuchen, in der Auslegung von drei Stellen aus den Paulusbriefen die Botschaft von der Freiheit in unser Leben hinein zu übersetzen.

Da ist zum einen die berühmte Stelle aus dem Galaterbrief: »Zur Freiheit hat uns Christus befreit. Bleibt daher fest und laßt euch nicht von neuem das Joch der Knechtschaft auflegen!« (Galater 5,1) Paulus kämpft hier gegen eine Gesetzesfrömmigkeit an, die die Erlösung durch Christus mißversteht, und die wieder von äußeren Werken das Heil erwartet, zum Beispiel von der Beschneidung. Die Beschneidung, so argumentiert Paulus, gibt dem Gesetz Recht. Wer sich beschneiden läßt, erwartet sich von der Beschneidung das Heil, und nicht von Jesus Christus. Das ist aber eine Verfälschung der Freiheit, die Christus uns gebracht hat. Es genügt uns heute nicht, an diesem Text nur die Richtigkeit von der Rechtfertigung allein aus dem Glauben heraus zu lesen. Die Frage ist, was dieser Text mir in meiner persönlichen Situation zu sagen hat.

Christus ist für Paulus der, der ihn von inneren und äußeren Zwängen befreit. Und von solchen Zwängen sind wir heute genauso beherrscht wie die Menschen damals. Da ist einmal der Zwang, Gott etwas vorweisen zu müssen, vor ihm etwas leisten zu müssen. Tief in unserem Herzen ist uns dieser Zwang eingeprägt. Ob bewußt oder unbewußt, wir glauben doch irgendwie, daß wir unsere Daseinsberechtigung verdienen müssen, daß wir sowohl vor Gott etwas leisten müssen, um vor ihm bestehen zu können, als auch vor den Menschen, um bei ihnen beliebt zu sein.

Das kann zum Beispiel der Zwang des Perfektionismus sein, der uns dazu treibt, jeden Fehler zu vermeiden. In der Begleitung erlebe ich oft, welche Tyrannei so ein Perfektionismus ausüben kann. Da werden Menschen dazu gezwungen, sich ständig zu überfordern, weil sie Angst haben, sie könnten einen Fehler machen. Und wenn sie einen Fehler machen, dann sind sie nichts mehr wert, dann fällt ihr ganzes Lebensgebäude zusammen. So versuchen sie sich und ihr Verhalten, ihre Emotionen und ihre Worte ständig zu kontrollieren. Aber je mehr sie sich kontrollieren, desto mehr gerät ihnen ihr Leben außer Kontrolle. Da sind sie fixiert, jeden Fehler zu vermeiden, und tappen doch von einem Versagen in das andere. Sie können sich noch so anstrengen, sie entrinnen dem Zwang nicht. Sie können den Perfektionismus durchschauen und verfluchen, aber dennoch werden sie von ihm immer wieder angetrieben, mehr zu leisten, als ihnen gemäß ist.

Da ist auch der Zwang, sein Leben selbst in den Griff zu bekommen. Ich erlebe viele Menschen, die etwa in der Lebensmitte in eine Krise geraten. Viele gestehen sich die Krise nicht ein. Es darf vor allem niemand merken, daß ihr Leben nicht mehr im Lot ist, wie sie nach außen hin gerne zeigen möchten. So versuchen sie, die Krise mit Gewalt in den Griff zu bekommen. Die einen gehen dann von einem Therapeuten zum anderen, ohne sich wirklich auf eine Therapie einzulassen. Sie meinen, je bekannter der Therapeut ist, und je mehr Geld sie für ihn ausgeben, desto eher könnten sie ihr Leben wieder meistern.

Die anderen glauben, durch gesunde Ernährung alle Probleme lösen zu können. Gesunde Ernährung ist sicher gut für uns alle. Aber wenn ich meine, ich könnte durch eine Methode allein alle Probleme bewältigen, dann erliege ich einem Irrtum. Und ich werde gezwungen, diese Methode immer extremer zu verfolgen. Mein ganzes Denken kreist dann nur noch um die gesunde Ernährung. Ich spreche mit meinen Freunden nur noch über die Auswahl der Nahrungsmittel. Ich versuche, sie zu missionieren und davon zu überzeugen, daß alle ihre Probleme nur daher rührten, daß sie nicht bewußt genug äßen. Aber ich stelle mich meiner Wahrheit nicht. Ich versuche vielmehr, meine Probleme auf eine einzige Ursache zurückzuführen.

Unser alter Philosophieprofessor hat uns immer vor jedem gewarnt, der alles aus einer Ursache allein zu erklären versucht. Das sei immer

Häresie. Anstatt mich mit meiner Menschlichkeit zu konfrontieren, verfalle ich der Häresie, ich könnte durch eine immer raffiniertere Methode alles in den Griff bekommen und die Krise bewältigen. Anstatt mich von der Krise durcheinanderschütteln und zu einer angemesseneren Lebensweise führen zu lassen, möchte ich die Krise möglichst schnell aus der Welt schaffen.

Andere setzen sich dem Zwang aus, durch tägliches Joggen ihre Probleme zu lösen. Sie haben dann keinen Spaß mehr am Waldlauf. Sie können die Natur nicht mehr genießen, sie hören die Vögel nicht mehr zwitschern, sondern zählen nur noch die Kilometer, die sie täglich absolvieren. Wieder andere schwärmen von esoterischen Kursen und ihren Heilmethoden. Je fremdartiger sie sind, desto eher verheißen sie die Heilung aller Wunden. In der Esoterik werden sicher auch gute christliche und religiöse Traditionen wieder entdeckt, die wir vor lauter Rationalismus vergessen haben. Aber immer wenn man von so einer Methode alles erwartet, gerät man genau in den Zwang, von dem uns nach dem heiligen Paulus Christus befreit hat. Paulus will uns sagen:

Du mußt nicht deine ganze Energie in solche Methoden legen. Du bist so, wie du bist, gut und richtig. In Christus kommt es nicht darauf an, was du alles leistest, was du für dich und für andere tust, sondern daß du an ihn glaubst und daß dein Glaube sich in der Liebe ausdrückt. (Vgl. Galater 5,6) Durch seine Liebe, die in seinem Tod am Kreuz am deutlichsten sichtbar geworden ist, hat

Christus dir gezeigt, daß Gott dich bedingungslos liebt, daß du deine Daseinsberechtigung nicht mehr selber erkaufen mußt. Du bist wertvoll vor Gott. Das hat dir Christus am Kreuz bewiesen. Glaube daran. Und verlaß diesen Weg des Glaubens und der Freiheit nicht mehr, um dich wieder zu versklaven, um dich wieder von Zwängen bestimmen zu lassen, die Ausdruck des Unglaubens und der Angst sind.

Alles ist erlaubt

Eine andere wichtige Stelle ist 1 Korinther 6,12–20, verbunden mit 1 Korinther 10,23f. Hier zitiert Paulus zuerst ein Schlagwort der Gnosis, das offensichtlich in gnostischen Kreisen in Korinth beliebt war: »Alles ist mir erlaubt – aber nicht alles nützt mir. Alles ist mir erlaubt, aber nichts soll Macht haben über mich.« (1 Korinther 6,12) Hier kommt das wichtige Wort »exousia« vor. Es bedeutet die Freiheit, die Erlaubnis, nach Lust und Belieben zu handeln, die Macht, das Recht. Paulus kann mit den Gnostikern die absolute Freiheit des Christen behaupten. Das Gesetz hat keine Macht über uns. Wer aus dem Geist heraus lebt, steht über allem. Aber diese Freiheit hat ihre Grenze an der Liebe zu den Menschen und an der Wirkung auf die Gemeinschaft und auf mich selbst. In 1 Korinther 6,12–20 warnt Paulus davor, daß etwas über uns Macht bekommt. Wenn wir einfach unseren Launen folgen, dann sind wir nicht wirklich frei, dann bestimmt uns die eigene Laune.

Das gilt für Paulus gerade im Hinblick auf die Sexualität. Sexueller Libertinismus ist für Paulus eine Scheinfreiheit. In Wirklichkeit wird der Mensch, der von seiner Sexualität getrieben wird, Sklave seiner eigenen Leidenschaften. Paulus verkündet hier keine enge Sexualmoral, wie sie in der katholischen Kirche oft genug mit Berufung auf ihn entwickelt worden ist. Das Kriterium der paulinischen Sexualethik ist vielmehr »die Frage, wie weit ein bestimmtes Verhalten die Freiheit des Christen zu beeinträchtigen imstande ist« (ebd. 203).

Für Paulus gehört die Sexualität zu den Elementen dieser Welt. Sie hat ihre Berechtigung, aber sie hat nicht die letzte Macht über den Menschen. Denn der Mensch gehört nicht dieser Welt, sondern Gott bzw. Christus: »Wißt ihr nicht, daß eure Leiber Glieder Christi sind? ...Wer sich... an den Herrn bindet, ist e i n Geist mit ihm.« (1 Korinther 6,15.17) Paulus geht es nicht darum, die Angst vor der Sexualität zu schüren, wie es leider immer wieder christliche Moralapostel getan haben, sondern um die Frage der Freiheit. Weil ich Christus gehöre und nicht mir selbst, soll ich in aller Freiheit mit meiner Sexualität umgehen, aber ich darf mich von ihr nicht beherrschen lassen. Sonst führt sie mich in die Unfreiheit. Auch in meiner Sexualität gehöre ich Gott und nicht einem Menschen.

Die katholische Sexualerziehung hat viele Menschen in Angst und Unfreiheit geführt. Sie hatten immer das Gefühl, daß die Sexualität etwas

Schlechtes sei, das sie in den Griff bekommen müßten. Ihre Vitalität hat sich gegen diese enge Sicht gewehrt. Aber das hat dann viele in einen inneren Zwiespalt gebracht. Sie hatten dann nur den Ausweg, ihre Sexualität zu unterdrücken oder zweigleisig zu leben. Und wenn sich die Sexualität in der Selbstbefriedigung geregt hat, dann haben sie sich selbst bestraft durch Selbstentwertung und Selbstverachtung.

Dieser Weg entspricht nicht dem Weg der Freiheit, den Paulus uns weist. Der Weg der Freiheit besteht darin, daß ich die Sexualität als gute Gabe Gottes dankbar annehme und meiner Existenz – ob verheiratet oder unverheiratet – entsprechend lebe. Aber da die Sexualität zu dieser Welt gehört, kann sie mich auch nicht von Gott trennen. Anstatt mich selbst zu bestrafen, soll ich mich von der Sexualität immer wieder daran erinnern lassen, daß ich Gott gehöre und nicht mir selbst. (1 Korinther 6,19) Dann führt sie mich in die Freiheit. Ich weiß, daß mein ganzer Leib Gott gehört, auch die Sexualität, daß Gottes Geist alles in mir durchdringt, und daß er in meinem ganzen Leib als Tempel wohnen möchte. Das befreit mich von ängstlicher Fixierung auf die Sexualität und von der unheilvollen Abspaltung, unter der viele leiden. Die Sexualität erinnert mich an das Ziel meiner christlichen Existenz, daß ich Gott mit meinem ganzen Leib verherrlichen soll. (1 Korinther 6,20)

*Freiheit und Liebe – Die Verantwortung
der Freiheit*

Die Liebe zu den Menschen und die Wirkung meines Verhaltens auf die Gemeinschaft ist ein anderes Kriterium für den rechten Gebrauch der Freiheit. Davon spricht Paulus in 1 Korinther 10,23f: »Alles ist erlaubt – aber nicht alles nützt. Alles ist erlaubt – aber nicht alles baut auf.« Der Christ darf zwar vom Opferfleisch essen, das auf dem öffentlichen Markt verkauft wird. Sein Gewissen ist davon nicht betroffen. Da gilt der Grundsatz der Freiheit. Ebenso darf er vom Opferfleisch essen, wenn er in ein Privathaus eingeladen wird.

Aber immer dann, wenn jemand daran Anstoß nehmen könnte, soll er auf diese Freiheit (exousia) verzichten, obwohl sein eigenes Gewissen davon nicht berührt wird. Paulus selbst hält sich an diese Regel: »Wenn darum eine Speise meinem Bruder zum Anstoß wird, will ich überhaupt kein Fleisch mehr essen, um meinem Bruder keinen Anstoß zu geben.« (1 Korinther 8,13) Das, was die Gemeinde aufbaut, was ihrem Zusammenleben dient, ist dem Apostel wichtiger als die eigene Freiheit. Die wahre Freiheit besteht darin, auf diese Freiheit zugunsten anderer zu verzichten.

Hier wird ein wichtiger Grundsatz für die christliche Freiheit aufgestellt. Wir sollen uns nicht von Gesetzen bestimmen lassen, sondern allein vom Geist Christi, der immer auch der Geist der Liebe ist. Wir sollen uns auch nicht von den eigenen Gewissensbissen drangsalieren lassen. Denn sie stammen oft aus ängstlicher und enger Erziehung. Der Christ ist frei. Die Welt hat keine Macht über ihn. Er muß sich nicht ständig fragen, ob er dafür bestraft wird, wenn er etwas tut, was gegen die Normen der Eltern oder gegen die inneren Normen ist. Aber er darf aus seiner Freiheit auch keine Ideologie machen. Die wahre Freiheit besteht darin, daß ich mich von ihr auch distanzieren kann.

Wer erwachsen werden will, muß sich innerlich von seinen Eltern frei machen. Aber manche verstehen diese Freiheit falsch. Sie können die Eltern nicht mehr besuchen, weil es sofort Streit gibt. Bei jedem Wunsch, den die Eltern sagen, wittern sie eine Vereinnahmung. Sie haben das Gefühl, sie werden noch als Kinder behandelt, und wehren sich mit heftigen Vorwürfen. Sie meinen, das seien sie ihrer Freiheit schuldig. Aber wenn sie wirklich frei geworden sind vom Einfluß der Eltern, dann können sie auch ab und zu geben. Dann spüren sie vielleicht, daß die Eltern sie gerne noch als Kinder behandeln würden. Aber sie haben Abstand dazu. Weil sie erwachsen und selbständig geworden sind, können sie diese Erwartungen mit Humor anschauen, ohne sich von ihnen bestimmen zu lassen, aber auch ohne humorlos und kämpferisch gegen jede vermeintliche Vereinnahmung sofort anzugehen. Sie sind frei und lassen sich nicht vereinnahmen.

Entweder reagieren sie gelassen, indem sie manche Wünsche und Angriffe einfach überhören, oder aber sie spielen das Theater für die paar Stunden mit, die sie bei den Eltern sind. Sie wollen die Eltern nicht unnötig kränken, sie wollen keine unnötigen Kämpfe führen, die nichts bringen. Sie passen sich nicht resigniert an, sondern sie handeln aus wahrer Freiheit heraus, aus einer Freiheit, die aber zugleich ihnen selbst und den Eltern nützt. Denn was nützt es, ständig nur Grabenkämpfe zu führen, die zu nichts führen? Die wahre Freiheit zeigt sich darin, daß ich mich frei auf den anderen einlassen und seine Wünsche erfüllen kann, ohne mich dabei zu verkaufen und zu verraten.

In der Begleitung erlebe ich viele Ordensleute, die sich in ihrer Gemeinschaft nicht frei fühlen. Alles ist so eng, alles ist reglementiert. Für die eigenen Bedürfnisse ist überhaupt kein Raum. Wenn eine Schwester darüber klagt, wie eng ihre Gemeinschaft ist, dann versuche ich zuerst, gemeinsam mit ihr anzuschauen, wo sie sich gegen diese Enge wehren kann, wo sie widerstehen und für ihren Freiraum kämpfen kann. Ich mache ihr Mut, für die Freiheit zu kämpfen. Aber dieser Kampf darf auch kein Kampf gegen Windmühlen werden, sonst würde es ihr ergehen wie Don Quichotte. Sie muß auch realistisch sehen, was sie ändern kann und was nicht.

Ein anderer Weg wäre dann, trotz der Enge, die sie nicht auflösen kann, die innere Weite und Freiheit zu erfahren. Auch wenn sich nach außen gar nichts ändert, liegt es immer auch an mir, ob ich mich wirklich frei fühle. Über mein Gewissen kann niemand bestimmen. Was sich in meinem Herzen tut, das ist unabhängig von allen anderen. In meiner persönlichen Beziehung zu Gott bin ich ganz frei. Da hat niemand hineinzureden. Und zugleich erfahre ich in dieser persönlichen Beziehung zu Gott wahre Freiheit. Ich kann auch meinen inneren Weg in einer Gemeinschaft gehen, die für mich kein Verständnis hat, die mich mit aller Macht einengen möchte.

Natürlich darf das kein bloßer Rückzug in die Innerlichkeit sein. Und vor allem darf es kein Ausdruck innerer Resignation sein. Leider erlebe ich das oft genug bei Ordensleuten, daß sie völlig resigniert sind und in ihrer Verbitterung hart werden. Das tut dem spirituellen Leben nie gut. Spiritualität ist für mich immer der Weg in die Freiheit. Ich muß selbst spüren, wieviel äußere Freiheit ich mir erkämpfen muß, wo es sich lohnt, mich für eine weitere und freiere Gemeinschaft einzusetzen, und wo bei allem Kampf nur der Weg in die innere Freiheit übrig bleibt. Aber auch da muß ich mich immer wieder ehrlich fragen, ob ich mich wirklich frei fühle, ob es mir in dieser Freiheit gut geht, oder ob ich bei allem Versuch, mich innerlich zu befreien, doch bitter werde und mich in dieser Bitterkeit eben doch von den anderen bestimmen lasse.

Ein entscheidender Bereich, in dem der paulinische Grundsatz der Rücksicht auf das Gewissen der anderen hilfreich ist, ist die Freundschaft und Partnerschaft. Da hat ein junger Mann eine feste Freundin, die er auch heiraten will. Aber er findet nichts dabei, mit einer anderen Frau, mit der er regelmäßig Tennis spielt, nach dem Spiel in die Sauna zu gehen. Er meint, er sei frei, das zu tun, was ihm Spaß mache. Und das sei ja keine Untreue seiner Freundin gegenüber. Wenn dann die Freundin dagegen protestiert, weil sie es einfach nicht aushalten kann, werden oft Vorwürfe laut, sie sei zu prüde und zu eng, sie dürfe ihn doch nicht in seiner Freiheit beschneiden.

Hier ist es nicht das Gewissen der Freundin, auf das der Freund Rücksicht nehmen muß, sondern ihr Empfinden. Ich darf meine Gefühle nicht zur obersten Norm machen. In einer Freundschaft muß ich auch auf die Gefühle des Partners Rücksicht nehmen. Da nützt es nichts, wenn ich sage, mir würde das nichts ausmachen, ich würde das als Ausdruck meiner Freiheit sehen, mit der Bekannten in die Sauna zu gehen. Es kann durchaus sein, daß es dem jungen Mann nichts ausmacht und ihn in seiner Treue zu seiner Freundin nicht beeinträchtigt. Aber er muß auch seine Freundin ernst nehmen und darf ihr nicht einreden, wie sie zu fühlen habe, wie frei und weit sie sein müßte. Den anderen ernst nehmen, ohne seine Gefühle zu bewerten, das ist die Voraussetzung echter Freundschaft und Partnerschaft.

Ich erlebe viele Eheleute, die meinen, sie könnten eine Dreiecksbeziehung leben. Aber meistens spürt schon nach kurzer Zeit der Partner oder die Partnerin, daß es einfach nicht geht, daß sie bei aller Bereitschaft, dem anderen Freiheit zuzugestehen, in ihrem Gefühl so verletzt werden, daß sie die Beziehung ihres Partners zu einer/einem anderen nicht mehr ertragen können.

Echte Freiheit würde sich darin zeigen, daß ich aus Rücksicht auf den Partner auf eine Beziehung verzichten kann, die mir wichtig ist. Häufig werden dann aber lieber Glaubenskriege geführt. Es wird argumentiert, daß der andere noch nicht reif genug sei, daß er einen doch nicht in der Freiheit beschneiden dürfe, daß man das heute einfach akzeptieren müsse, weil es so üblich ist. In solchen Schlagworten spürt man die eigene Unfreiheit. Man ist nicht frei sich und seinen Gefühlen und Wünschen gegenüber. Da wäre der paulinische Grundsatz eine gute Hilfe: »Alles ist erlaubt. Aber nicht alles nützt.« Entscheidend ist, daß ich den anderen in seinem Gewissen und in seinem Gefühl ernst nehme und nicht verletze.

Das vollkommene Gesetz der Freiheit bei Jakobus

Der Jakobusbrief ist kein eigentlicher Brief, sondern eher ein Mahnschreiben, das sich an die Mahnreden stoischer Philosophen und ihrer Botschaft vom Glück anlehnt. Zwischen 80 und 100 geschrieben, fordert dieser Brief seine Leser auf, ihren Glauben in konkreten Werken zu verwirklichen. In ihrem Verhalten muß sichtbar werden, daß die Christen die Botschaft Jesu verstanden haben. Im Jakobusbrief steht der denkwürdige Satz: »Wer sich aber in das vollkommene Gesetz der Freiheit vertieft und an ihm festhält, wer es nicht nur hört, um es wieder zu vergessen, sondern danach handelt, der wird durch sein Tun selig sein.« (Jakobus 1,25) Hier, so meinen die Exegeten, spricht Jakobus nicht vom jüdischen Gesetz, sondern vom Gesetz, das Gott in das Herz aller Menschen eingepflanzt hat.

Jakobus ist darin sicher von der stoischen Philosophie beeinflußt, die das Gesetz der Freiheit gepriesen hat. Der wahrhaft Freie ist nach der stoischen Philosophie der, der der Weltvernunft gegenüber gehorsam ist. Beim römischen Philosophen Seneca klingt diese Sicht der Freiheit durch in dem bekannten Wort »deo parere libertas est«: »Gott zu gehorchen ist Freiheit.« (Mußner 108) Dieser stoische Gedanke ist im frühen ersten Jahrhundert durch den Exegeten und Philosophen Philon von Alexandrien auch in die jüdischen Kreise Palästinas eingedrungen. Und von dort her hat ihn Jakobus wohl übernommen.

Es gab – so meint Martin Dibelius – neben Paulus auch Gemeinden, »die ihr Heil nicht mit der überwältigenden und von den Vielen überhaupt nicht nachzuahmenden Kraft des Paulus auf den Glauben allein gestellt hatten und die darum auch nicht mit der unheimlichen Konsequenz des Paulus jegliches Vertrauen auf die Werke aus dem Bereich ihrer Frömmigkeit verbannten« (Dibelius 151). In diesen Kreisen ist der Jakobusbrief entstanden. Und er hat in der frühen Kirche weitergewirkt, etwa beim Kirchenvater Irenäus von Lyon (gestorben 202), der das Evangelium als Gesetz der Freiheit versteht.

Das vollkommene Gesetz der Freiheit ist für Jakobus zugleich das königliche Gesetz. (Vgl. Jakobus 2,8) Der König ist der wahrhaft freie Mann, der sich von niemandem beherrschen läßt. Für die Stoa ist die Vernunft selbst ein »wahrer König, der zur wahren Freiheit verhilft« (Dibelius 179). Dieses Gesetz der Freiheit besteht nicht in kleinlichen Geboten, sondern im Gebot der Liebe zu Gott und zu den Nächsten, »in der in der liebenden Hinwendung zum Nächsten sich verwirklichenden Befreiung von aller Ichsucht« (Mußner 108). Wer in dieses vollkommene Gesetz beständig hineinschaut und es befolgt, der ist wirklich frei. Er ist frei von sich und den Emotionen, die ihn daran hindern, mit seiner Vernunft die Wirklichkeit so zu erkennen, wie sie wirklich ist. Das Gesetz der Freiheit meint, daß ich frei bin, das zu tun, was notwendig ist, und den zu lieben, der meiner Liebe bedarf.

Die Freiheit ist für Jakobus nicht nur ein Gefühl, sondern ein neues Verhalten, ein Tun der Liebe, liebende Hinwendung gerade zu den Armen. Für Jakobus besteht kein Gegensatz zwischen Gesetz und Freiheit. Das wahre Gesetz ist vielmehr die Freiheit, die Freiheit gegenüber dem Ansehen von Personen, die Freiheit, »für Waisen und Witwen zu sorgen« (Jakobus 1,27), die Freiheit, den Nächsten zu lieben wie sich selbst (vgl. Jakobus 2,8). Der Jakobusbrief hat schon eine Synthese zwischen griechischer Freiheitsphilosophie und biblischem Denken geschaffen, die dann die Kirchenväter weitergeführt haben.

Das vollkommene Gesetz der Freiheit will uns in die Freiheit führen. Wer Christus nachfolgt, der soll in der Nachfolge wahrhaft frei werden, zum freien und königlichen Menschen, der aufrecht ist, frei für die Liebe. In der Begleitung von Ordensfrauen werde ich oft wütend, wenn ich sehe, wie dieses vollkommene Gesetz der Freiheit von kleinlichen Geboten der Unfreiheit verfälscht wird, wie da in manchen Konventen die Schwestern klein gehalten werden, wie man da vor allem die angepaßte und unselbständige Schwester möchte, die bereit ist, die Meinung der Oberin sofort zu übernehmen, ohne selbst nachzudenken, was Gott selbst zu ihr sagen möchte. Da gibt es dann nicht die freie und königliche Schwester, die aufrecht das tut, was Gott ihr zutraut und wozu sie Gott herausfordert, sondern die gebeugte und erstarrte, die pflegeleichte und infantile Schwester, die sofort ja sagt, wenn die Oberin etwas von ihr will.

Es ist schon erschreckend, wie in manchen Orden das Gesetz der Freiheit, das uns Christus geschenkt hat, pervertiert worden ist, wie man die unsinnigsten Vorschriften als Gebot Gottes ausgibt, und wie man statt königliche Menschen Sklaven heranzieht. Da täte es uns gut, wenn wir immer wieder neu in das vollkommene Gesetz der Freiheit hineinschauen und darin verharren.

II. Freiheit bei den Griechen

Die spirituellen Autoren der frühen Kirche, die Kirchenväter und Mönchsväter, haben für ihre Spiritualität vor allem zwei Quellen berücksichtigt: die Heilige Schrift und die griechische Philosophie. Vor allem evangelische Exegeten haben den Einfluß der griechischen Philosophie auf die biblischen Autoren entweder bestritten oder ihn als Verfälschung der eigentlichen biblischen Botschaft gesehen. Und wenn die Kirchenväter nicht nur auf die Bibel zurückgreifen, sondern auch auf die griechische Philosophie, dann sehen sie darin oft genug einen Abfall von der reinen Lehre der Bibel.

Ich sehe die Begegnung mit der griechischen Philosophie positiver. Denn ich denke, wir Abendländer sind in unserem Herzen alle Griechen. Die griechische Philosophie hat unser Denken bis in die tiefsten Wurzeln hinein geprägt. Wir können die biblische Botschaft nicht verstehen, wenn wir sie nur gegen die griechische Weisheit stellen. Clemens von Alexandrien hat sich gegen diese Tendenz gewehrt, die schon im zweiten Jahrhundert üblich war:

Manche, die sich für besonders gescheit halten, verlangen, daß man sich weder mit Philo-

sophie noch Dialektik beschäftige, ja nicht einmal von den Naturwissenschaften etwas erlerne; sie fordern, daß man sich mit dem Glauben allein begnüge. Das ist gerade so, als wenn man, ohne irgend etwas für die Pflege des Weinstocks zu tun, gleich von Anfang an die Trauben ernten wollte. (Strom I,43,1; Bernard 88)

Häufig wird etwa der Freiheitslehre der stoischen Philosophie die Tendenz zur Selbsterlösung vorgeworfen. Dagegen stellt man dann die biblische Freiheit als reines Gnadengeschenk. Doch Jesus fordert uns auch zu einem neuen Verhalten heraus. Die Freiheit, die er uns schenkt, müssen wir auch an uns reißen. Und das fordert auch Anstrengung. Paulus ruft uns auf, wie ein Athlet zu kämpfen und uns in die Freiheit einzuüben. Die Freiheit, von der die Bibel spricht, will erkämpft sein. Aber zugleich zeigt sie uns auch, daß wir uns das Heil nicht selbst erringen müssen, sondern daß es uns schon geschenkt ist. Die wahre Freiheit ist also auch die Freiheit von allem Leistungsdruck, als ob wir uns selbst gut machen müßten. Aber die uns aus freier Gnade geschenkte Freiheit will sich auch konkret in unserem Leben ausdrücken.

Das Lebensgefühl der Griechen ist bestimmt vom Gedanken der Freiheit. (Vgl. Niederwimmer 1ff) Der Grieche fühlt sich als freier Mensch. Er kann denken, was er will. Er kann gehen, wohin er will. Er ist freier Bürger in einer freien Stadt, die sich selbst ihre Gesetze gibt. Die Grenze findet die Freiheit am rechten Maß. Zunächst ist

Freiheit für die Griechen ein politischer Begriff. Die Polis, die Stadt, war frei, keinem Tyrannen untertan. Und die Bürger waren innerhalb dieser Polis frei, indem sie sich an die Gesetze der autonomen Stadtgemeinschaft hielten. Die Demokratie gewährte dem einzelnen Redefreiheit (parresia), Rechtsgleichheit und Unabhängigkeit. Während der Perserkriege verteidigten die Griechen voller Leidenschaft ihre Freiheit. Herodot sieht in der Freiheit »den Grund der Überlegenheit der Griechen über die Perser« (RAC 272).

»Der Tugendhafte ist frei« – Sokrates, Platon und die Stoa

Im Laufe der Zeit wurde der Begriff der Freiheit immer mehr verinnerlicht. Eleutheros meint dann auch den vornehmen und edlen Menschen, den Menschen von freier Art. Freiheit bezieht sich auf den inneren Adel eines Menschen. Sokrates hat diesen Begriff weiterentwickelt. Frei ist der gerechte, weise, tugendhafte, der königliche Mensch. Sokrates, der durch die Gesetze der Stadt zum Tode verurteilt worden ist, entscheidet sich in persönlicher Freiheit für das Gesetz. Der freie Gehorsam dem Gesetz gegenüber ist Zeichen der wahren Freiheit. »Sokrates bleibt im Gefängnis – und bleibt so frei.« (Niederwimmer 21) Die Freiheit des Menschen gründet für Sokrates in der Psyche, im wahren Ich des Menschen. Psyche »ist das innerste und geistige Zentrum des Menschen, das, in dem der Mensch er selbst bei sich selbst ist« (ebd. 22).

Platon führt die Gedanken des Sokrates weiter. Er unterscheidet im Menschen drei Bereiche, den begehrlichen, den emotionalen und den geistigen Bereich. Frei ist der Mensch, bei dem der Geist die Führung übernimmt. »Indem der Mensch sich dem Nous, dem inneren Menschen unterwirft und die Sinnlichkeit unter ihn beugt, erlangt er die Freiheit.« (Ebd. 26) Der wahrhaft freie Mann ist der königliche Mann, der sich nicht von außen beherrschen läßt, sondern der über sich selbst herrscht, und der die Höhen und Tiefen des Menschen kennt.

Sowohl Sokrates als auch Platon sprechen von der Autarkie des Menschen als von der inneren Freiheit. Autarkie heißt, sich selbst genügen. Der autarke Mensch ist der innerlich freie, der in sich ruht, der weder anderer Dinge noch der Mitmenschen bedarf, der das Glück in sich findet, und zwar in seiner Tugend. (Vgl. RAC, Autarkie 1039ff) Der autarke Mensch verfügt über sich selbst und läßt nicht fremde Mächte über sich verfügen.

Die innere Freiheit wurde dann von der Stoa weiter entfaltet. Als die Griechen ihre politische Freiheit verspielt hatten, ging das Hauptinteresse der stoischen Philosophie auf die Möglichkeit der inneren Freiheit, über die kein Mensch von außen bestimmen kann. Vorläufer der Stoa war die kynische Philosophie, die die wahre Freiheit in der Bedürfnislosigkeit verwirklicht sieht. »Wer alles Begehren abgeworfen hat und völlig bedürfnislos lebt, hat das höchste Maß an persönlicher Unabhängigkeit erreicht. Er ist autark. Er ist wahrhaft frei.« (Niederwimmer 35) Die stoische Philosophie kreist vor allem um die Frage, wie der Mensch mitten in den Stürmen und Zufällen des Lebens einen Ort findet, der unerschütterlich ist. Das Ziel ist die »ataraxia«, die Unerschütterlichkeit. Sie wird erreicht durch die Übung der Tugend. »Der Tugendhafte ist frei.« (Ebd. 37)

Ein wichtiges Problem war für die Stoa die Spannung von Schicksal und Freiheit. Für die Stoa ist der frei, der sich aus freier Entscheidung dem Schicksal fügt. Indem sich der Mensch der Weltordnung unterwirft, »kommt er zu sich selbst, weil er im Grunde der gleichen logischen Struktur unterworfen ist... Der wahrhaft freie Mensch lebt in bewußter, frei gewählter Übereinstimmung mit dem Schicksal« (ebd. 42). Dann erlangt der Mensch zugleich »apatheia« (Leidenschaftslosigkeit) und »ataraxia« (Unerschütterlichkeit).

»Wenn du willst, bist du frei« – Epiktet

Für die frühe Kirche wird vor allem ein Vertreter der Stoa wichtig, den die Kirchenväter immer wieder zitieren: Epiktet. Der stoische Weisheitslehrer wurde um 50 nach Chr. in Hierapolis geboren. Er war Sklave und hinkte. Als Sklave wurde er nach Rom gebracht und stand dort im Dienst des Epaphroditos, eines Freigelassenen Neros. Der behandelte ihn sehr schlecht. Epiktet hat selbst nichts geschrieben. Aber sein Schüler Arrianos hat seine Gespräche (Diatribe) in vier Büchern aufgeschrieben. Zwischen 125 und 130 ist Epiktet gestorben. (Vgl. RAC, Epiktet 599ff)

Epiktet geht es vor allem um die Frage der rechten Lebenskunst, wie der Mensch »seine Freiheit gewinnen kann, denn Freiheit ist Leben« (Niederwimmer 44). Die Freiheit hängt vom Willen des Menschen ab. So sagt Epiktet: »Wenn du willst, bist du frei. Wenn du willst, brauchst du mit nichts unzufrieden sein, nichts anklagen, alles wird nach Wunsch gehen, nach deinem und zugleich dem des Gottes.« (Ebd. 44) Die Freiheit hängt vom richtigen Wissen ab. Wir sollen unterscheiden zwischen dem, was in unserer Macht steht, und dem, was nicht in unserer Macht steht. »Der stoische Imperativ lautet nun, allein das zu ergreifen, was in unserer Macht steht, und das andere preiszugeben.« (Ebd. 45) Epiktet selbst drückt das so aus:

Mach dir also klar: Hältst du, was seiner Natur nach unfrei ist, für frei, was fremd ist, für eigen, so wirst du auf Hindernisse stoßen, wirst trauern, und verwirrt werden, wirst Gott und den Menschen Vorwürfe machen. Hältst du aber nur das Deine für dein eigen, das Fremde aber für das, was es auch ist, für fremd, so wird niemand je dich zwingen, niemand dich behindern, du wirst niemandem Vorwürfe machen, niemanden anklagen, wirst niemals etwas wider Willen tun; niemand wird dir schaden, du wirst keinen Feind haben; du wirst eben gar nichts Schädliches erfahren können. (Ebd. 46)

Epiktet unterscheidet zwischen den Dingen und den »dogmata«, den Vorstellungen, die wir uns von einem Ding machen, den Projektionen, die das Ding erst »zu etwas machen, was uns schmerzt oder freut« (ebd. 48). Die Aufgabe der Askese besteht darin, die äußeren Dinge daran zu hindern, den geheiligten Bezirk des wahren Ich zu betreten. Alles, was auf einen zukommt, sollen wir prüfen, welche Beziehung es zu unserem inneren Menschen hat, und zwar mit der Frage: »Ti pros eme?« – »Was hat das mit mir zu tun?« Wenn wir alle Dinge unter diesem Blickwinkel betrachten, werden wir erkennen, daß uns nicht die Ereignisse verwirren, sondern nur die Vorstellungen, die wir uns über sie bilden. Epiktet schließt sein Handbuch mit einem Satz, der später oft von den Kirchenvätern zitiert wird: »Was mich betrifft, so können Anytos und Melitos mich töten, aber einen Schaden zufügen können sie mir nicht.« (RAC, Epiktet 607)

Die Philosophie der Freiheit ist bei Epiktet von einer innigen Beziehung zu Gott geprägt. Der Philosoph ist überzeugt, daß Gott in ihm selbst gegenwärtig ist, und zwar in allen Bereichen:

Du bist ein Bruchstück Gottes. Du hast einen Teil dieses Gottes in Dir... Willst Du nicht eingedenk sein, wer Du bist, wenn Du ißt, Du, der Du ißt und Dich nährst? Willst Du in Deinen sexuellen Beziehungen nicht dessen eingedenk sein, wer Du bist, Du, der Du diese Beziehungen hast?... Du trägst Gott überall mit Dir. (Ebd. 611)

Und an einer anderen Stelle wird die persönliche Beziehung zu Gott als Grund der wahren Freiheit deutlich:

Ich bin frei und ein Freund Gottes, damit ich ihm aus freien Stücken gehorche. Ich darf nichts anderes erstreben, weder Leib, noch Vermögen, Macht, Ansehen, nein nichts. Denn er will nicht, daß ich danach strebe. Wenn er es gewollt hätte, hätte er diese zu Gütern für mich gemacht... Erhebe endlich Dein Haupt, wie ein Mensch, der von der Knechtschaft befreit ist; wage es, Deinen Blick zu Gott zu erheben und ihm zu sagen: Verfahre mit mir von nun an nach deinem Belieben; meine Gedanken gehören Dir. Ich gehöre Dir. Ich weise nichts von dem zurück, was Dir gut scheint; führe mich, wohin Du willst; bekleide mich mit dem Gewand, das Dir gefällt. (Ebd. 613)

Wenn wir solche Texte lesen, können wir vielleicht verstehen, daß die frühen Kirchenväter darin keinen Gegensatz zur Lehre Jesu gesehen haben, sondern daß sie in der Verwirklichung der christlichen Botschaft hinter solch radikaler Hingabe an Gottes Willen nicht zurückstehen wollten.

Der Geist befreit von der Welt – Die Gnosis

Die Gnosis war zur Zeit, als das Neue Testament entstand, eine religiöse Strömung innerhalb und außerhalb des Christentums. Die neutestamentlichen Autoren setzen sich immer wieder mit gnostisierenden Tendenzen in den christlichen Gemeinden auseinander. Die frühen Kirchenväter, vor allem Clemens von Alexandrien und Irenäus von Lyon, haben in der Auseinandersetzung mit den Gnostikern die christliche Botschaft systematisch entfaltet. Das Lebensgefühl, das die Gnosis bestimmte, war »das Gefühl des Unbehaustseins« (Niederwimmer 57). Der Gnostiker fühlt sich hier in der Fremde. Und er fühlt sich gefangen von den Mächten dieser Welt. Anders als in der Stoa kann er sich nicht auf sich selbst zurückziehen und so seine Freiheit verwirklichen. Die Welt als solche ist schlecht.

Die Freiheit liegt nicht in der Hand des Menschen, sie kann nur entgegengenommen werden als Geschenk aus der Hand des Offenbarers. Die Lichtgestalt des Offenbarers schenkt dem an der Sinnlosigkeit dieser Welt verzweifelnden Menschen das Pneuma, den Geist, der ihn von der Macht dieser Welt befreit. Der Pneumatiker (der vom Geist bestimmte Mensch) ist nicht mehr von dieser Welt und kann sich daher in aller Freiheit darüber hinwegsetzen. Die Befreiung geschieht, indem wir den Ruf des Erlösers hören, die Welt durchschauen und sie überschreiten, um allein in der oberen Welt zu leben, in der Welt der Erkenntnis, in der Welt Gottes. Die wahre Freiheit kann uns nicht die Polis, die irdische Gemeinde, geben, sondern allein »die ewige Heimat der Seele« (RAC, Freiheit 292). Weil wir zu Gott gehören und nicht zur Welt, sind wir der Welt überlegen und frei von ihrer Macht.

Diese Befreiung von der Welt führt entweder zu einer asketischen oder zu einer libertinistischen Grundhaltung. Beide Haltungen können wir in der Gnosis nebeneinander beobachten. Der Gnostiker wertet die Welt ab und kann daher »als Freier tun, was ihm beliebt« (Niederwimmer 63), wie Irenäus vom Gnostiker Simon Magus sagt. Und Irenäus fährt in der Beschreibung der Gnostiker fort:

Daher tun denn auch die Vollkommensten von ihnen alles Verbotene ohne Scheu... Andere dienen maßlos den Lüsten des Fleisches und sagen, man müsse das Fleisch dem Fleische, den Geist dem Geiste darbringen. Wir also, die Psychiker, die wir von dieser Welt sind, brauchen die Enthaltsamkeit und gute Werke, damit wir dadurch in den Ort der Mitte gelangen; sie aber, die Pneumatiker und Vollkommenen, keineswegs. (Ebd. 64)

Bei so einem Text spürt man, daß solche Haltungen immer wieder von neuem die Menschen faszinieren und sich daher zu jeder Zeit in spirituelle Lehren einschleichen. Die Gnosis ist heute genauso eine Gefahr wie zur Zeit des Irenäus. Die frühen Kirchenväter haben in der Auseinandersetzung mit der Stoa und mit der Gnosis den genuin christlichen Weg entfaltet. Ich möchte nur einige Aspekte ihrer Spiritualität beschreiben und sie in die konkrete Erfahrung des eigenen spirituellen Ringens hineinstellen.

III. Der spirituelle Weg der Kirchenväter

Ich möchte mich darauf beschränken, den Einfluß des stoischen Philosophen Epiktet auf einige Kirchenväter zu beschreiben und aus ihren Bemerkungen heraus jeweils Folgerungen für den eigenen spirituellen Weg zu ziehen. Die Kirchenväter übernehmen nicht einfach die Lehren der Stoa, sondern sie stellen sie in ihre Erfahrung der Befreiung, die sie in Jesus Christus erfahren haben. Es ist keine Verfälschung der biblischen Sicht, sondern eine Übersetzung der befreienden Botschaft Jesu in den Denkhorizont der damaligen Menschen. Auch wenn wir heute anders denken und fühlen als die Menschen damals, hat dieser Übersetzungsversuch auch für uns eine bleibende Bedeutung. Nur muß die griechische Philosophie heute in die psychologische Sprache unserer Zeit übersetzt werden.

»Keiner kann dich verletzen« – Justinus

Justinus, der erste christliche Theologe, der die Botschaft der Bibel mit der griechischen Philosophie zu verbinden versuchte, lehrte zu gleicher Zeit in Rom, als Epiktet dort einen großen Einfluß ausübte. In einem Brief an den Kaiser Mark Aurel zitiert er offensichtlich Epiktet. Er schreibt:

Wir sind überzeugt, daß uns von keinem irgendein Übel zugefügt werden kann, es sei denn, wir wären als Vollbringer einer Übeltat und als Bösewichte erfunden worden. Ihr könnt uns wohl töten, uns einen Schaden zufügen könnt Ihr nicht. (RAC, Epiktet 633)

Justinus nimmt diese Freiheit für sich als Christ in Anspruch. Als Christ, der in Christus seine wahre Identität findet, ist er frei von aller äußeren Macht. Selbst der Kaiser, der ihn zu töten vermag, kann ihm nicht schaden. Denn er ist mit Christus schon gestorben. Er ist schon jenseits der Schwelle. Das befreit ihn von allen Mächten dieser Welt.

Diese Haltung gilt nicht nur für die Zeit der Märtyrer. Justinus selbst starb ja 165 mit sechs Gefährten der Martertod. Sie gilt für uns genauso. Da ist zum Beispiel ein Angestellter, der über seinen unausgeglichenen Chef jammert, der völlig willkürlich agiert und ihn oft genug ungerecht behandelt. Natürlich hat der Chef die Macht, ihn zu befördern oder ihm den Lohn zu kürzen. Aber über seine Seele hat er keine Macht. Über sein Selbst, das in Christus ist, kann er nicht verfügen. Und daher kann er dem Selbst gar nicht schaden. Denn das gehört Gott. Er kann mich verletzen und kränken. Er kann mich an meiner empfindlichen Stelle treffen, so daß ich in Tränen ausbreche oder tagelang gelähmt bin. Aber wenn ich mir immer wieder bewußt mache, daß mein wahres Selbst in

Christus ist, daß es jenseits dieser Welt ist, dann kann er mir eben im Tiefsten nicht schaden.

Da ist eine Frau, die man verleumdet und ihr vorwirft, sie sei schuld, daß der alkoholkranke Pfarrer, der die Gemeinde zugrunde gerichtet hat, versetzt wurde. Sie kann sich nicht wehren. Ihr Leib übernimmt die vielen Kränkungen, die sie erleidet. Sich gegen diese Kränkungen auf den inneren Kern zurückzuziehen ist sicher nicht leicht. Denn auch das Wissen um den inneren Raum der Unverletzbarkeit schützt uns nicht davor, daß wir auf unserer emotionalen Ebene verletzt werden. Aber wenn ich mir immer wieder vorstelle, daß in mir ein Raum ist, in dem Gott in mir wohnt, zu dem all die Anfeindungen, Verleumdungen und Kränkungen keinen Zutritt haben, dann erahne ich mitten in dem emotionalen Durcheinander, das mich umgibt, doch, daß mir das alles nicht schaden kann. Es kann meine berufliche Zukunft ruinieren, es kann meine Stellung in der Gemeinde untergraben, aber meinem wahren Selbst kann es nicht schaden.

Nur aus der Erfahrung dieser Freiheit heraus kann ich in einer feindlichen Umgebung meine Würde als Mensch erhalten. Ich darf mich nicht vorschnell mit dem Archetyp des Märtyrers identifizieren. Das wäre Masochismus. Ich kann eine schwierige Situation nur durchhalten, wenn ich mich darin frei fühle, und wenn ich um die Unantastbarkeit meiner Würde weiß.

Die frühen Märtyrer haben daran geglaubt, daß selbst die Henker ihnen nicht schaden können. Das hat ihnen mitten in einer feindlichen Welt das Gefühl der Freiheit geschenkt. Aus dieser genuin christlichen Freiheit heraus haben sie ihre Ängste vor den grausamen Qualen des Martertodes überwunden und sind aufrecht, im Bewußtsein ihrer Würde und ihrer Freiheit, in den Tod gegangen. Sie haben in ihre christliche Freiheit auch die Freiheit des Stoikers Epiktet integriert. Sie haben da keinen Gegensatz gesehen, auch wenn sie die stoische Freiheit auf ganz neue Weise verstanden haben, wenn sie den Grund ihrer Freiheit in Christus gesehen haben, der sie zur Freiheit berufen und sie als freie Söhne und Töchter in der Fremde dieser Welt erwählt hat.

Die Freiheit des Christen – Clemens von Alexandrien

Clemens von Alexandrien, der unter den frühen Kirchenvätern wohl am vertrautesten mit der griechischen Philosophie war, zitiert in seinen Werken immer wieder den Lehrer des Epiktet, Musonius Rufus. Seine Formulierungen zeigen auch, daß er unter dem Einfluß von Epiktet stand. Wie dieser unterscheidet Clemens zwischen dem, was zur Persönlichkeit gehört, und dem, was nicht dazu gehört, zwischen den äußeren und inneren Dingen, zwischen dem, was in unserer Macht steht, und dem, was nicht in unserer Macht steht. Und genau wie der stoische Philosoph fordert auch Clemens uns auf, uns um die Tugend zu bemühen, und zwar durch »mathesis« (Lernen, Erfahren), »melete« (eifriges Üben, Studium) und »askesis« (Trainieren, Üben).

An den Stoiker erinnert auch, wenn Clemens schreibt, Jesus, der Herr würde nicht vorschreiben, »das Vermögen wegzuwerfen, das man zufällig besitzt, noch auf seinen Besitz zu verzichten, sondern aus seiner Seele die Gedanken an den Besitz zu verbannen« (RAC, Epiktet 636f). Denn das Übel liegt nicht im Besitzen allein, sondern nur darin, daß man in leidenschaftlicher Weise besitzt.

Auch in den religiösen Auffassungen ist Clemens von Epiktet beeinflußt. So soll der christliche Gnostiker die Ähnlichkeit der Seele mit Gott anstreben. Und er soll Gott gegenüber für alles dankbar sein.

Welch andere Betätigung ist für den Weisen und Vollkommenen geziemend, als zu spielen und sich an der Dauer und an der Ordnung der schönen Dinge zu erfreuen und mit Gott an dem großen Fest teilzunehmen... Wir verbringen unser ganzes Leben wie ein Fest. (Ebd. 638f)

Auch Epiktet spricht vom Schauspiel der Welt als dem großen Fest Gottes, an dem wir dankbar teilnehmen dürfen. Auch den Tod sieht Clemens ähnlich wie der stoische Philosoph. Der Christ ist nach Clemens ein Reisender, der seine Wohnstätten hier unten als Herbergen ansieht. »Wenn die Stunde gekommen ist, folgt er mit Eifer dem Führer, der ihn aus dem Leben geleitet...; er äußert seine Verbundenheit für seinen Aufenthalt und seine Dankbarkeit für den Aufbruch aus Liebe zu seiner himmlischen Wohnung.« (Ebd. 639)

Wenn wir die stoischen Gedanken, die Clemens christlich interpretiert hat, auf unser Thema der christlichen Freiheit hin auslegen, so fallen mir drei Bereiche ein. Zum einen ist da der Unterschied der Ereignisse und der Vorstellungen, die wir uns über sie machen. Das ist für mich ein wichtiges Thema. Viele, die über ihr Leben jammern und glauben, sie seien benachteiligt, alles gehe bei ihnen schief, alle hätten etwas gegen sie, verwechseln die Tatsachen mit den Gedanken, die sie sich über die Tatsachen machen. Da meint einer, daß der andere etwas gegen ihn habe. In Wirklichkeit ist es nicht so, er bildet sich das nur ein. Ein anderer klagt darüber, daß der Chef ihn nicht ernst nimmt. Aber auch da ist die Frage, ob es wirklich so ist, oder ob er sich das nur so vorstellt, weil er sich selbst nicht ernst nimmt. Wie die Tatsachen auf uns wirken, hängt immer von den Vorstellungen ab, die wir uns über sie machen. Und da die Vorstellungen von uns abhängen, sind wir auch dafür verantwortlich, wie sehr wir uns von den Tatsachen beeinflussen und bestimmen lassen.

Der Weg der Freiheit führt auch für uns Christen über die Unterscheidung zwischen dem, was in unserer Macht ist, und den äußeren Dingen, über die wir keine Macht haben. Die äußeren Dinge werden aber auch über uns keine Macht haben, wenn wir ihnen keine geben. Es ist immer unsere Entscheidung, ob wir einem Ereignis Macht geben oder nicht, ob wir uns den ganzen Tag darüber aufregen, daß uns ein Mißgeschick vor den Augen anderer passiert ist, oder ob wir dazu ja sagen, im Bewußtsein, daß das nicht unser wahres Selbst berührt.

Wir sind großenteils selbst für unser Glück oder Unglück verantwortlich. Das hat Watzlawick in seinem Buch »Die Kunst, unglücklich zu sein« ähnlich beschrieben wie damals Epiktet und Clemens. Geistliches Leben heißt, daß wir die Dinge von Gott her sehen und unsere alltägliche Sichtweise hinterfragen, daß wir die Projektionen entlarven, die wir ständig auf Menschen und Ereignisse werfen, und mit denen wir Gottes Absicht mit uns verdunkeln, so daß wir sie nicht mehr entdecken können.

Ein zweiter Bereich ist die Vorstellung unseres Lebens als großes Fest. Wenn unser Leben ein Fest ist, das Gott mit uns feiert, wenn wir teilhaben am großen Fest der Schöpfung, dann bekommt unser Leben eine göttliche Würde, dann ist unser Leben wert, gefeiert zu werden. Eine Weise, unser Leben zu feiern, wären heilende Rituale. Sie geben uns auch das Gefühl der Freiheit, das Gefühl, daß wir unser Leben aus freiem Entschluß so formen und gestalten, daß es unser eigenes Leben ist, daß wir selbst leben, anstatt von äußeren Zwängen gelebt zu werden. Auch hier sind wir für uns selbst verantwortlich. Es liegt an unserer Freiheit, wie wir unser Leben formen, welche Rituale wir ihm einprägen, ob es uns guttut oder nicht, ob wir darin glücklich werden oder nicht.

Entscheidend ist für die Erfahrung der Freiheit auch die Haltung zum Tod, die wir bei Clemens vorfinden. Wer auch zum Tod dankbar ja sagen kann, der hat keine Angst vor ihm. Und die Freiheit von jeder Todesangst ist die Voraussetzung, daß wir uns überhaupt frei fühlen können. Wer die Augen vor dem Tod verschließt, der muß ständig in der Angst leben, daß ihn der Tod doch irgendwann überfallen wird wie ein Dieb. Er ist permanent auf der Flucht und wird von seiner Angst getrieben, immer mehr vor der Wahrheit seines Todes davonzulaufen. Für Clemens ist der Tod die »von Dank begleitete Rückerstattung (apodosis = Zurückgeben) des Zeltes (des Leibes), wenn die Seele sich von ihm gelöst hat« (ebd. 639). Dieses Wissen, daß unser Leben nicht uns gehört, daß wir kein Anrecht auf ein langes Leben haben, sondern daß wir es von Gott empfangen haben und es ihm daher dankbar zurückgeben müssen, ist der tiefste Grund wahrer Freiheit.

Die Freiheit des Willens – Basilius

Die Schriften des heiligen Basilius haben großen Einfluß auf das Mönchtum, vor allem auch auf den heiligen Benedikt ausgeübt. Wenn Basilius über die Themen Freiheit, Übel und Tod schreibt, zeigt er erstaunliche Parallelen zu Epiktet. So sind über Basilius die stoischen Überlegungen über die Freiheit des Menschen in das Mönchtum eingeflossen. Basilius betont, daß die Quelle und Wurzel der Sünde das ist, »was in unserer Macht liegt, die Möglichkeit der freien Entscheidung« (ebd. 643). Das eigentliche Übel ist von unserem freien Willen abhängig (proairesis), »denn es steht in unserer Macht, uns der Bosheit zu enthalten« (ebd. 643). Hier zitiert Basilius das bei Epiktet so beliebte Wort von der Prohairesis, vom freien Willen, der alles beurteilt und sich in aller Freiheit für das entscheidet, was Gott von ihm will.

Damit der Mensch sich wirklich frei für Gottes Willen entscheidet, rät Basilius, »vor allem die Reinheit des Hegemonikon in uns herzustellen« (ebd.). Hegemonikon ist die Vernunft, der Nous, der alles Denken und Tun in uns führen soll. Johannes Cassian wird später von der Reinheit des Herzens sprechen als Ziel des monastischen Weges. Der Mensch muß innerlich lauter und durchlässig werden für Gottes Willen und für Gottes Liebe. Dann wird er einverstanden sein mit dem, was Gott ihm schickt. Und er wird darin die wahre Freiheit erfahren.

Ähnlich wie Epiktet spricht Basilius davon, daß Krankheit, Armut, schlechter Ruf und Verleumdung nicht wirkliche Übel sind. Wenn ich verleumdet werde, soll ich mir die Frage des Epiktet stellen: »In welcher Hinsicht berührt Dich das eigentlich?« (Ebd. 644) Die Verleumdung, so meint Basilius, ist schlimmer für den, der verleumdet, als für den, der verleumdet wird. Denn das Übel »ist schlimmer für den, der es begeht, als für den, der es erleidet. Es steht jenem frei zu beleidigen; entzieh Du Dich der Beleidigung... wenn Du Dich nicht treffen läßt, bist Du unverwundbar« (ebd. 644). Das klingt für uns sehr radikal. Aber offensichtlich entspricht das der Erfahrung des Basilius und der Erfahrung vieler Mönche, die sich ähnlich wie

Epiktet frei gemacht haben von der verletzenden Macht anderer Menschen. Die wahre Freiheit besteht darin, sich nicht beleidigen, verletzen, kränken zu lassen.

Die Frage ist, wie uns das gelingen soll. Zunächst können wir uns kaum dagegen wehren, daß wir verletzt werden. Bevor wir überlegen, trifft uns ein beleidigendes Wort oder eine ironische Bemerkung. Aber, so ist Basilius überzeugt, wir sind der Verleumdung und Beleidigung nicht einfach ausgeliefert. Da hat die Vernunft eben eine wichtige Aufgabe, uns davon zu befreien. Mit unserer Vernunft können wir uns fragen, was die Verleumdung mit uns zu tun hat. Es ist ja das Wort eines anderen, das uns im Tiefsten nicht berühren kann. Unser eigentliches Selbst kann nicht verletzt werden, unsere eigene Wahrheit wird von der Verfälschung der Wahrheit nicht getrübt.

Die Frage, die Basilius uns im Anschluß an Epiktet rät, könnte da auch für uns eine Hilfe sein: »In welcher Hinsicht berührt Dich das eigentlich?« Welche Schicht in Dir wird von dem verletzenden Wort erreicht? Es ist nur Dein emotionaler Bereich, der da verwundet wird. Und diesen Bereich kannst Du nie ganz verschließen und sollst es auch nicht. Da darfst Du Dich ruhig kränken lassen. Aber Du mußt immer wissen, daß darunter ein Bereich ist, der von den Worten der anderen nicht berührt werden kann. Diesen unantastbaren Bereich Deines wahren Selbst kann weder ein beleidigendes Wort, noch eine verächtliche Bemerkung, noch ein verletzender Blick erreichen. Wenn ich um diese Freiheit weiß und daran fest glaube, dann wird auch die Verletzung des emotionalen Bereiches an Tiefe verlieren. Ich weiß dann, daß sich die Spur der Kränkung irgendwo in mir verläuft und nicht bis ins Innerste vordringen kann.

Natürlich besteht in solchen Anweisungen auch eine Gefahr. In der Begleitung treffe ich auch auf Menschen, die einen Panzer um sich herum aufbauen, an dem jedes kritische Wort abprallt. Sie lassen sich von keinem Wort treffen. Das ist nicht die Freiheit, die Basilius meint. Es ist vielmehr ein Bollwerk aus Angst, das sie sich aufbauen. Sie müssen an der Illusion ihrer Rechtschaffenheit festhalten, weil sonst ihr ganzes Lebensgebäude zusammenkrachen würde. Und dann wäre überhaupt kein Ich mehr da, dann wären sie wertlos und ihr Leben sinnlos. Manche brauchen diesen Schutz. Aber ich spüre dann im Gespräch, daß dieser Schutz nicht der Freiheit entspringt, sondern der Angst. Da ist dann auch kein freies Gespräch möglich. So ein Mensch kann sich gar nicht in Freiheit fragen, was da an meinen Anfragen berechtigt sein könnte. Er muß alles sofort abwehren. Die Freiheit, von der Basilius spricht, meint etwas anderes: Ich bin frei, alles an mich heranzulassen und alles zu prüfen, was andere mir sagen, weil es in mir unterhalb der emotionalen Sphäre einen Bereich gibt, der davon nicht berührt werden kann. Das Herz wird getroffen, aber nicht das Selbst. Ich kann das Herz weit öffnen und mit dem anderen in Berührung kommen, weil ich um den innersten Bereich weiß, der frei ist von aller Verletzung.

Das klingt für manche vielleicht zu intellektualistisch. Wir können unsere Gefühle nicht allein vom Verstand her klären. Bevor wir anfangen zu denken, sind wir schon verletzt, zieht sich unser Herz schon zusammen. Dieser spontanen Verletzung können wir auch nicht ausweichen. Aber trotzdem liegt es an uns, wie wir mit den Verletzungen und Verleumdungen umgehen. Die Psychologie rät uns, die Verletzungen nochmals anzuschauen, darüber zu sprechen, sie emotional nochmals zu durchleben, um uns dann davon verabschieden zu können. Basilius rät uns mit der stoischen Philosophie, die Verletzung mit dem Verstand zu durchleuchten. Dann werden wir einsehen, daß der, der uns verletzt, ja selbst verletzt ist, daß er sich selbst verwundet hat. Es ist seine Verletzung, die wir nicht notwendigerweise übernehmen müssen. Es ist seine Projektion, das er uns wie ein blutiges Hemd überwerfen will. Aber wir müssen dieses Hemd seiner Projektion nicht anziehen.

Dieser Gedankengang hilft zumindest, uns etwas Distanz zu unserer Verletzung zu verschaffen. Und aus dieser Distanz heraus können wir anders damit umgehen. Dann wird sie allmählich die Macht über uns verlieren. Und vor allem wird der andere, der uns verleumdet und gekränkt hat, die Macht über uns verlieren. Wir haben nicht mehr das Gefühl, ihm hoffnungslos ausgesetzt zu sein, das Opfer seiner Willkür und seiner Bosheit zu sein. Der andere tut sich ja selbst weh. Es ist sein Problem. Er hat keine Macht über mich. Er kann meine Emotionen aufrühren – und die tun oft sehr weh.

Aber er kann mich als Person, er kann mein wahres Selbst nicht berühren. Das ist unverletzlich.

Hinter dieser Haltung steht eine optimistische Sicht vom Menschen und von seinen Fähigkeiten. Heute haben wir eher eine wehleidige Sicht. Wir bedauern den, der verletzt worden ist, und meinen, da könne man nichts machen. Natürlich kann sich ein Kind nicht wehren gegen die vielen Verletzungen, die es empfängt. Und da ist es gerade in der Begleitung wichtig, daß wir mit dem Erwachsenen mitfühlen, der uns von den Wunden seiner Kindheit erzählt. Indem er davon erzählt, bekommt er ja schon Distanz dazu. Und er kann sein jetziges Verhalten verstehen. Er wird sich nicht mehr verurteilen, wenn er empfindlich auf Menschen reagiert, die ihn an seinen brutalen Vater oder seine depressive Mutter erinnern. Er versteht sein eigenes Verhalten, weil er die Ursachen dafür kennt. Indem er die Wunden seiner Kindheit anschaut, kann er sich mehr und mehr davon verabschieden, kann er sich von der Macht befreien, die die Verletzungen und die ihn verletzenden Menschen bisher über ihn hatten.

Wir können mit dem Verstand nicht alles, was wir wollen. Der Verstand ist nur ein Bereich unserer Psyche. Aber wir dürfen ihm durchaus zutrauen, daß er das emotionale Chaos in uns klären kann. Und je mehr wir klären, was in uns ist, desto besser können wir mit uns umgehen, desto freier werden wir gegenüber der eigenen Vergangenheit und gegenüber den Menschen, die uns heute verletzen möchten.

Da ist eine junge Frau, die in sich eine unberechenbare Wut spürt, wenn der Plan, den sie sich für den heutigen Tag gemacht hat, durchkreuzt wird, oder wenn sie sich auf das Versprechen eines anderen verläßt, der einfach nicht tut, was er versprochen hat. Sie meint, sie müsse ihre Wut in den Griff bekommen. Und sie ist enttäuscht, daß ihr das nicht gelingt. Als Kind war sie mit der alleinerziehenden Mutter aufgewachsen und dabei deren unberechenbaren Launen ausgesetzt. Sie konnte sich auf nichts verlassen. Sie konnte nie wissen, wie die Mutter reagiert. Diese existentielle Verunsicherung will sie dadurch überwinden, daß sie alles bis ins kleinste plant. Und wenn dann ihr Plan umgeworfen wird, steigt eine unbändige Wut in ihr hoch. Die Wut ist verständlich. Sie ist der Schrei nach Freiheit, der Schrei, sich von der Willkür anderer zu befreien. Wenn sie ihre Wut versteht, dann ist sie ihr nicht mehr ausgeliefert, dann kann sie sich von ihr auch distanzieren. Wenn sie ihre Wut in den Griff bekommen möchte, ist sie darauf fixiert und wird sie nie los. Wenn sie den unbändigen Zorn, der in ihr auftaucht, dagegen als Hilfeschrei nach Leben und nach Freiheit sieht, dann kann sie damit angemessener umgehen. Sie wird ihm nicht hilflos ausgesetzt sein, sondern sie wird sich von ihm immer wieder daran erinnern lassen, daß sie sich von der Willkür anderer befreien muß, daß sie sich von anderen distanzieren muß, um ihr eigenes Leben in Freiheit zu leben.

Gottesfurcht befreit von Menschenfurcht – Johannes Chrysostomus

Johannes Chrysostomus steht am Ende der Blütezeit der Patristik. Er genoß eine gediegene Bildung in griechischer Philosophie. Nach seiner Taufe im Jahre 369 wurde er Mönch und schon nach vier Jahren Einsiedler. Seine maßlose Askese zerrüttete seine Gesundheit, so daß er nach Antiochia zurückkehren mußte. Er wurde Diakon und dann wider seinen Willen Bischof von Konstantinopel. Dort zeichnete er sich aus durch seine zündenden Predigten. In ihnen greift er immer wieder auch das Thema der Freiheit auf. Dabei läßt sich der Einfluß des Epiktet an vielen Stellen nachweisen. Eine ganze Predigt widmete Johannes dem Satz: »Wer sich nicht selbst verletzt, kann von niemandem verletzt werden.« (Ebd. 647) Darin zeigt er, »daß kein Opfer Opfer eines anderen ist, sondern sein von ihm selbst verhängtes Geschick erleidet« (ebd. 647). Immer wieder kommt er auf diesen Satz zu sprechen. Er begründet ihn so:

Um einem Wesen Schaden zuzufügen, muß man seinen Kern, seine arete, treffen (462 Anf). Manche glauben zu Unrecht, daß Krankheit, Armut, Vermögensverlust, Denunziation, Tod dem Menschen Schaden zufügen (462 Mitte. 465). Wie die arete des Pferdes nicht in seinem »goldenen Zügel« oder in seinem Geschirr, sondern in seinem Lauf und seiner Kraft besteht, so liegt die arete des Menschen »in der Strenge seiner richtigen

Vorstellungen und in der Geradheit seines Lebens« (462/5 M). (RAC 647)

»Arete« bedeutet Tüchtigkeit, Vollkommenheit und Tugend. Interessant ist, daß Johannes diese Vorstellungen des Epiktet im Zusammenhang mit der Auslegung von Bibelstellen bringt. Für ihn sind sie kein Gegensatz zu den Worten Jesu, sondern sie interpretieren die Worte der Bibel und legen sie konkret in das Leben seiner Zuhörer hinein aus.

Für Johannes entspricht es dem Geist Jesu Christi, daß uns Armut, Vermögensverlust, Verleumdung, Verbannung und Ermordung keinen Schaden zufügen können. Wenn die Seele reich ist, kann ihr die Armut nichts anhaben. Und Jesu Worte von der Feindesliebe kann Johannes mit dem stoischen Gedanken verbinden: »Wenn wir wollen, wird uns niemand verletzen können; im Gegenteil, unsere Feinde werden uns die größten Dienste erweisen.« (Ebd. 648) Und in einer Predigt zur Apostelgeschichte kommt er dem Gedanken des Epiktet sehr nahe, wenn er sagt: »Das Übel liegt nicht darin, verletzt zu sein, sondern darin zu verletzen, und darin, nicht ertragen zu können, daß man verletzt wird.« (Ebd. 649) Und wenn jemand einen beschimpft, dann kann man sich davon durch folgende Überlegung distanzieren: »Wer ist denn schuld an diesem Wort, der, welcher es hört, oder der, welcher es ausspricht?« (Ebd. 649)

Johannes weiß, daß es nicht so leicht ist, zu dieser Haltung der Unverletzlichkeit zu gelangen. Sie erfordert Anstrengung, Kampf, Askese: »Zerschneide die Stricke, mit denen alle, die darauf bedacht sind, Dich fangen und Dir Kummer machen können.« (Ebd. 650) Und er kann diese Haltung in der Auslegung des Matthäusevangeliums verstehen als Haltung königlicher Freiheit: »Allein frei, und allein Herr und mehr König als die Könige ist derjenige, der von den Leidenschaften befreit ist.« (Ebd. 650)

Man spürt den suggestiven Worten des großen Predigers an, daß er von der Möglichkeit des Menschen fasziniert ist, frei zu werden von den eigenen Leidenschaften und die Freiheit von äußeren Verletzungen zu spüren. Beim ersten Lesen kommen mir solche Worte übertrieben vor, vor allem wenn ich sie vergleiche mit den Erfahrungen, die mir Menschen in der Begleitung erzählen. Wenn ich einem, der mir von den tiefen Verletzungen seiner Kindheit erzählt oder von den Verletzungen, die ihm seine Frau oder die ihr ihr Mann immer wieder zufügt, dann erscheint es mir wie ein Hohn, wenn ich das Wort des Johannes zitiere: »Wer sich nicht selbst verletzt, kann von niemandem verletzt werden.« Oder: »Keiner ist das Opfer eines anderen, sondern er erleidet das von ihm selbst verhängte Geschick.«

Dennoch weiß ich, daß Chrysostomus in gewisser Weise auch recht hat. Wie oft erlebe ich, daß sich Menschen, die in der Kindheit verletzt worden sind, auch als Erwachsene immer wieder den Chef, den Ehepartner, den Mitarbeiter aussuchen, der sie genauso verletzt wie damals der Vater oder die Mutter. Offensichtlich führen die

Verletzungen, die wir nicht anschauen und aufarbeiten, dazu, daß wir immer wieder in Situationen geraten, die die Verletzungen von früher fortsetzen. Wir machen uns selbst zum Opfer. Wir verhängen selbst über uns das Schicksal, Opfer zu sein, ständig verletzt zu werden.

Da sucht sich eine Frau einen Mann als Freund, der sie genauso entwertet wie einst ihr Vater. Sie liebt ihn, weil er gut zu ihr ist. Aber immer wenn sie von Heirat spricht, stößt er sie zurück, nimmt er sie nicht für voll. Sobald sie Verbindlichkeit will, wird sie entwertet, genau wie vom Vater, der nur mit ihr gespielt hat, ohne sie ernst zu nehmen. Letztlich nimmt sie sich selbst nicht ernst, da sie sich immer wieder verletzen läßt. Sie hat Angst, sich von ihm zu trennen, weil sie sich dann völlig wertlos fühlt. Aber indem sie dem, den sie liebt, soviel Macht über sich gibt, macht sie sich zu seinem Opfer und verletzt sich dadurch selbst. In solchen Situationen braucht es für den Begleiter nicht nur Verständnis für die fatale Situation, sondern auch den Mut eines Chrysostomus, die eigene Verantwortung für das Martyrium, das sie erleidet, zu benennen.

Johannes vermischt die Gedanken des Epiktet mit den biblischen Beispielen und Zitaten. Wenn Jesus uns auffordert, uns frei zu machen von der Macht dieser Welt und Gott in uns herrschen zu lassen, so entspricht das für Johannes den Gedanken der Stoa. Der Christ ist der wahre Weise, der durch die Begegnung mit Jesus Christus und in der Befolgung seiner Worte erfüllen kann, was die

Stoa von ihren Anhängern erwartet. Wer Gott in sich Raum gibt, wer Gott in sich herrschen läßt, der wird frei von der Macht der Menschen. Johannes sieht keinen Widerspruch zwischen dem Gnadengeschenk Gottes, der uns in Jesus Christus nahe gekommen ist und uns befreit hat von Sünde und Schuld, von inneren Zwängen und von der Sinnlosigkeit, von der Macht der Welt und des Satans, und den Anstrengungen, die der Mensch selbst auf sich nehmen muß, um sich von äußeren Einflüssen zu befreien. Die menschliche Anstrengung ist für Johannes Ausdruck des Glaubens, daß Gott selbst an uns handelt und uns den Geist Jesu geschenkt hat, damit wir in diesem Geist wie Jesus frei werden von der Macht der Menschen.

Die Freiheit, die uns Jesus verkündet, und die Freiheit, zu der uns die stoische Philosophie konkrete Wege aufzeigt, ergänzen sich gegenseitig. Sie bedürfen einander, damit die Freiheit, von der die Bibel spricht, nicht einfach vom Himmel fällt, und damit die Freiheit der Stoa nicht zur Selbsterlösung verkommt. Bei den Kirchenvätern ist die Spannung von Gnade und Freiheit, von Glaube und Askese, von göttlichem Tun und menschlicher Anstrengung ohne Angst angeschaut worden. Für sie war klar, daß beides zusammengehört. Und für sie war auch klar, daß die biblische Botschaft von der Freiheit durch die philosophischen Gedankengänge über die Freiheit ausgelegt werden darf.

IV. Die Freiheit den Leidenschaften gegenüber – Der Weg der Mönchsväter

Manche Historiker meinen, daß das Handbuch Epiktets den Wüstenmönchen als Brevier gedient hat. Diese Meinung ist heute widerlegt. Bei den frühen Mönchen läßt sich der Einfluß Epiktets nicht nachweisen. Aber ab dem 8. Jahrhundert wurde Epiktet offensichtlich von den Mönchen gerne gelesen. Das zeigt ein Traktat, der Antonius zugeschrieben wurde, aber sicher nicht von ihm stammt: »Exhortatio unseres hl. Vaters Antonius des Großen über das sittliche Verhalten und über das sittsame Leben«. (Ebd. 662) Dahinter verbirgt sich eine stoische Schrift, die nur oberflächlich verchristlicht wurde. Sie wurde in die Philokalia aufgenommen, in eine Sammlung spiritueller Schriften, die im Mönchtum weit verbreitet war. Ähnlich ist es mit dem Handbuch des Pseudo-Nilus, das dem Mönch Nilus von Ankyra untergeschoben wurde. Offensichtlich haben die Mönche ab dem 8. Jahrhundert gespürt, daß die Schriften des Epiktet nicht im Widerspruch zu ihrem eigenen Weg stehen, sondern ihnen auf ihrem Mönchsweg helfen können, zur Selbstbeherrschung und zur »aphatheia« (Freiheit vom pathologischen Verhaftetsein an die Leidenschaften) zu gelangen.

Aber auch wenn man bei den klassischen Mönchsschriften den Einfluß des Epiktet nicht nachweisen kann, so haben die Mönche ihre geistliche Lehre nicht einfach nur aus dem Umgang mit der Bibel entwickelt, sondern sie standen in ihrer spirituellen Praxis auch in der Tradition der griechischen Philosophenschulen. Die Weisheit der Griechen und Ägypter ist in ihre Spiritualität mit eingeflossen. Die Begriffe der »apatheia« (Leidenschaftslosigkeit) bei Evagrius Ponticus, der »ataraxia« (Unerschütterlichkeit) bei Athanasius oder der »Puritas cordis« (Reinheit des Herzens) bei Cassian, dem Schüler des Evagrius, der seine Spiritualität für den lateinischen Westen übersetzt hat, zeigen zumindest, daß ähnliche Wege zur Freiheit beschritten wurden wie in der Stoa.

P. Keseling meint, daß die Ethik der Stoa, so wie sie von Origines vermittelt wurde, einen großen Einfluß auf den Psychologen des frühen Mönchtums, auf Evagrius Ponticus, ausgeübt hat. (Vgl. RAC, Askese 779f) Auch John Eudes Bamberger schreibt, daß der Begriff der apatheia von der Stoa über Clemens von Alexandrien zu Evagrius gelangt sei, daß Evagrius ihn aber vermenschlicht habe. Für Evagrius ist die apatheia kein Dauerzustand, sondern »nur ein relativ andauernder Zustand tiefen Friedens, der unter dem Einfluß der Liebe aus der vollen und harmonischen Integration des emotionalen Lebens besteht. Für ihn sind apatheia und Agape, die göttliche

Liebe, nur zwei Aspekte einer einzigen Wirklichkeit« (Bamberger 12).

Evagrius meint, wir könnten nicht alle Menschen in gleicher Weise lieben. In der apatheia mit allen Menschen zu leben, heißt für ihn, daß wir uns vom Haß und von der Erinnerung an erlittenes Unrecht freihalten.

Apatheia bedeutet nicht eine Art Ausnivellierung der menschlichen Gefühle auf einen gleichen Grad der Indifferenz allen Menschen gegenüber, sondern sie ist ein Zustand, der es erlaubt, alle Menschen wenigstens in dem Maße zu lieben, daß man friedlich mit den Menschen lebt und keinen Groll gegen sie hegt. (Bamberger 13)

Für Evagrius ist das Gebet der Weg, sich von der Erinnerung an Verletzungen und vom Ärger über andere zu befreien:

Betest du, dann steigen häufig Gedanken in dir auf, die es gerechtfertigt erscheinen lassen, daß du ärgerlich wirst. Doch Ärger gegen deinen Mitmenschen ist völlig ungerechtfertigt. Wenn du es nur versuchst, dann kannst du die Angelegenheit klären, ohne ärgerlich zu werden. Versuche alles, damit du einen Ausbruch deines Ärgers vermeidest. (Gebet 24)

Hier zeigt Evagrius – ähnlich wie Epiktet –, daß der Ärger mit unseren Gedanken zusammenhängt, die wir uns über die Dinge machen. Wir können den Ärger klären, indem wir nach den Ursachen fragen, indem wir über die Angelegenheit anders denken, indem wir uns von den Vorstellungen lösen, die wir über die Wirklichkeit haben, und uns mit der Wirklichkeit aussöhnen. Uns scheinen solche Sätze übertrieben. Aber sie sind eine Herausforderung an uns, nicht vorschnell nur zu jammern, daß wir unserem Ärger und unseren negativen Gefühlen einfach ausgeliefert sind. Der Umgang mit den Leidenschaften, wie ihn Evagrius Ponticus entwickelt, will uns zur inneren Freiheit führen, daß kein negatives Gefühl über uns Macht hat.

Die apatheia ist so eine Erfahrung innerer Freiheit. Schon Athanasius hat die enge Verbindung von apatheia und Freiheit gesehen. (RAC, Epiktet 641) Apatheia meint den Zustand, in dem wir nicht mehr an die Leidenschaften verhaftet sind, in dem sie uns nicht mehr beherrschen, sondern uns dienen, uns die Kraft schenken, die in ihnen steckt. In diesem Zustand können wir frei mit unseren Leidenschaften umgehen. Nicht die Leidenschaft hat uns, sondern wir haben Leidenschaften und können sie so einsetzen, daß sie unserer eigenen Lebendigkeit und unserem Lebensentwurf dienen.

Die Askese des frühen Mönchtums ist von einer optimistischen Haltung geprägt. Der Mensch ist nicht einfach seinen Emotionen und Leidenschaften ausgeliefert. Er kann mit ihnen umgehen, er kann sie klären, er kann durch Gebet und Meditation seinen Geist für Gott durchlässig werden lassen. Das Ziel ist der innerlich freie Mensch, der seine Freiheit aber nicht mißbraucht als Willkür, sondern der in seiner Freiheit zugleich eins geworden ist mit Gott. Das höchste Ziel der Freiheit ist die Liebe, die Hingabe an Gott und die Hingabe für die Menschen. Wenn der Mensch in der Kontemplation mit Gott eins geworden ist, dann ist er wahrhaft frei, dann hat er zu der Gestalt gefunden, die Gott ihm zugedacht hat. Dann hat keine Leidenschaft und kein Gefühl, und dann hat auch kein Mensch mehr Macht über ihn. Er ist dann mitten in äußerer Bedrängnis dennoch ein freier Mensch.

Das asketische Ringen der frühen Mönche war von der griechischen Leidenschaft für die Freiheit geprägt. Diese Leidenschaft für die Freiheit zeigt sich in der Beschreibung des wahren Beters bei Evagrius Ponticus:

Selig ist jener Geist, der, während er betet, frei ist von allem Gegenständlichen, ja sich sogar aller Gedanken entledigt hat. Selig ist jener, der beim Gebet vollständig frei ist von aller sinnenhaften Empfindung. Ein Mönch ist ein Mensch, der sich von allem getrennt hat und sich doch mit allem verbunden fühlt. (Gebet 119f. 124)

Der Mönch ist der freie Mensch, der sich von allem gelöst hat, und der das Ziel des Menschseins gefunden hat, die Einheit mit Gott, die Einheit mit sich selbst und die Einheit mit allen Menschen.

V. Geistliches Leben als Weg in die Freiheit

Ich möchte nur einige Aspekte des geistlichen Lebens herausgreifen, die uns in die Freiheit führen wollen. Es wäre sicher lohnend, die spirituelle Tradition daraufhin zu untersuchen, wie weit alle geistliche Praxis in die Freiheit einüben möchte. Aber das kann dieses kleine Buch nicht leisten. In den Handbüchern der Aszetik ist leider wenig von Freiheit die Rede. Da ist das Ziel die Vollkommenheit. Und im Namen der Vollkommenheit hat man die Menschen oft genug überfordert. Das Thema Freiheit wird aber auch in der älteren aszetischen Literatur unter dem Stichwort »ungeordnete Anhänglichkeit an Geschöpfe« (Lindworsky 41) behandelt, etwa wenn im Anschluß an Ignatius von Loyola von der Indifferenz gesprochen wird.

Askese

Die Askese haben nicht nur die griechischen Philosophen als Einübung in die Freiheit verstanden, sondern auch die frühen Mönche. Askese meint Übung, Training. Ich trainiere mich nicht nur für sportliche Leistungen oder soldatische Fitness, sondern um bestimmte innere Haltungen zu erlangen. Und da ist die Haltung der Freiheit ganz entscheidend. Das Mönchtum ist in seiner Hochschätzung der Askese der Stoa gefolgt. Sie hat in ihrer Askese systematisch die Freiheit als innere Unabhängigkeit von allem Äußeren geübt. Ihre Askese war keine Weltverneinung, sie diente vielmehr der Freiheit. (Vgl. RAC Askese 756f) Bei den frühen Kirchenvätern tritt zur Freiheit als dem Ziel der Askese noch die Gottesschau. Askese dient dem Mystiker, offen zu werden für Gott und in der Gottesschau mit Ihm eins zu werden.

Das Mönchtum folgt darin nicht nur der Stoa, für die die Einübung in die innere Freiheit zentral war. Es sieht sich darin vielmehr auch von der Bibel bestätigt. Lukas, der mit griechischer Philosophie offensichtlich vertraut war, legt Paulus in seiner Verteidigungsrede vor dem römischen Statthalter Felix das Wort in den Mund: »Deshalb bemühe (askeo) auch ich mich, vor Gott und den Menschen immer ein reines Gewissen zu haben.« (Apostelgeschichte 24,16) Das reine bzw. ungetrübte Gewissen (syneidesis) ist ein typischer Begriff der stoischen Philosophie. So wie der stoische Philosoph sich in der Besonnenheit übt, so übt sich auch Paulus in der Haltung des reinen Gewissens. Es verlangt Askese, bis er frei wird von allen Animositäten gegenüber Gott und den Menschen und im Bewußtsein seiner freien Würde vor Gott und den Menschen leben kann. Paulus selbst gebraucht in seinen Briefen das Wort »askeo« nie. Aber er spricht durchaus vom Kampf und vom Training, von der Arbeit und Mühe, die sein geistliches Leben ausmachen: »Darum laufe ich nicht wie einer, der ziellos läuft, und kämpfe mit der Faust nicht wie einer, der in die Luft schlägt; vielmehr züchtige und unterwerfe ich meinen Leib, damit ich nicht anderen predige und selbst verworfen werde.« (1 Korinther 9,26f)

Am Beispiel des Fastens und des Verzichtens möchte ich aufzeigen, wie die Askese auch heute ein Weg in die Freiheit sein könnte. Die Fastenzeit, zu der uns die Kirche jährlich einlädt, hat den Sinn, daß wir uns jedes Jahr wenigstens sieben Wochen lang bewußt in die innere Freiheit einüben. Zunächst ist der Verzicht ein Test, ob wir wirklich frei sind. Wir alle sind heute von vielen Süchten beherrscht. Indem ich während der Fastenzeit auf Alkohol oder Fleisch oder Kaffee verzichte, teste ich mich, ob ich süchtig bin oder noch frei, ob ich noch selbst bestimmen kann, was ich essen und trinken möchte, oder ob ich das Bier oder den Kaffee einfach brauche. Die Sucht macht abhängig, und diese Abhängigkeit ist gegen unsere Würde. Im Verzicht wollen wir unsere eigene Würde und die eigene Freiheit als Ausdruck dieser Würde erleben. Wir wollen uns beweisen, daß wir noch selbst über uns verfügen können, daß wir nicht über uns verfügen lassen.

Die Selbstverfügung, die Autarkie, ist ein wichtiger Begriff der griechischen Freiheitsidee. Gegenüber der relativen Freiheit, der Freiheit von Bindungen, Ängsten, Zwängen und Abhängigkeiten, bezeichnet die Autarkie die positive Freiheit, die darin besteht, sich selbst zu besitzen, über sich selbst zu verfügen. Der Verzicht ist ein Test dafür, daß wir noch selbst über uns bestimmen und über uns verfügen, anstatt über uns verfügen zu lassen, daß wir noch selbst leben, anstatt gelebt zu werden.

Der Verzicht ist aber nicht nur Test in bezug auf unsere Freiheit, sondern auch eine Einübung in die Freiheit. Ich kenne eine junge Frau, die sich immer wieder ärgert, daß sie von Zeit zu Zeit einfach Süßigkeiten in sich hineinißt, mehr als ihr guttut. Dann fühlt sie sich immer schlecht, verachtet sich und hat das Gefühl, daß sie diesen Eßanfällen hoffnungslos ausgeliefert ist. Das zieht sie innerlich nach unten. Wir können kaum mit dem Willen für immer durchsetzen, daß wir keine Süßigkeiten mehr essen. Aber wenn wir es uns bewußt während der Fastenzeit vornehmen, dann haben wir das Gefühl innerer Freiheit. Und das tut uns gut. Der heilige Benedikt spricht in seinem Fastenkapitel davon, daß wir freiwillig (propria voluntate) »und in der Freude des Heiligen Geistes Gott etwas zum Opfer bringen« (RB 49,6) sollen.

Es tut uns gut, wenn wir es fertigbringen, einmal für eine bestimmte Zeit auf manches zu verzichten, was uns sonst selbstverständlich ist. Dabei geht es nicht um Härte sich selbst gegenüber, sondern um den Nachweis, daß wir noch frei sind, daß wir unseren Bedürfnissen nicht hoffnungslos ausgeliefert sind, daß wir noch einen freien Willen haben, der selbst entscheiden kann, was er will und was nicht. Solche Freiheit ist Zeichen unserer Würde. Wer nicht mehr frei ist, der resigniert, der läßt sich immer mehr von außen bestimmen. Das zieht ihn nach unten. Er läßt sich immer mehr treiben – es hat ja doch alles keinen Zweck. So ist die Fastenzeit eine Zeit, in der wir uns beweisen wollen, daß wir noch freie Menschen sind. Und dieser Beweis tut uns gut. Er hebt unser Selbstbewußtsein.

Der Verzicht, den wir im Fasten üben, ist aber nicht nur ein Weg in die Freiheit, sondern auch Ausdruck unserer Freiheit. Wir müssen Gott mit unserem Verzicht nichts beweisen. Wir müssen keine Leistung vollbringen, damit wir uns gut fühlen. Fasten als Verzicht ist vielmehr Ausdruck dafür, daß wir Gott gehören und nicht der Welt, daß wir uns selbst gehören und nicht unseren Leidenschaften und Süchten, unseren Bedürfnissen und Wünschen. Wir können noch so sehr davon sprechen, daß wir Gott gehören. Wenn das keinen Ausdruck findet, dann bleiben wir in schönen Worten stecken. Der Verzicht ist Ausdruck, daß wir wahrhaft frei sind. Und von Zeit zu Zeit brauchen wir solch einen Ausdruck für unsere Freiheit, für unsere Autarkie, daß wir über uns selbst verfügen können, daß wir selbständig sind und nicht von anderen bestimmt werden.

Im Gespräch spüre ich, wie ich oft aggressiv werde, wenn jemand über seine Situation nur jammert, aber nicht bereit ist, irgend etwas zu verändern. Wir sind unseren Fehlern und Schwächen nicht einfach ausgeliefert. Wir können etwas tun. Wir können uns befreien von mancher Abhängigkeit und Sucht. Aber zugleich mache ich, je älter ich werde, die Erfahrung, daß ich nicht alles kann, was ich will, daß ich trotz aller Einsicht und trotz aller psychologischen und spirituellen Methoden immer wieder in Fehler falle, die mich ärgern, weil sie mein eigenes Selbstbild stören.

Wenn ich mich dann aber vor Gott setze und mich ihm so hinhalte, wie ich bin, ohne auf mich zu schimpfen, dann mache ich die Erfahrung einer neuen Freiheit: Ich muß mich ja gar nicht in den Griff bekommen. Ich kämpfe und versuche, manches in mir zu verbessern. Aber ich stoße immer wieder auf meine Struktur und gerate immer wieder in Fallen. Wenn ich dann Gott meine leeren Hände hinhalte, dann fühle ich mich ganz frei, frei von allem Ehrgeiz, mich selbst besser machen zu wollen, frei von allen Selbstvorwürfen, frei von allem Druck, den ich mir selbst mache. Dann ahne ich etwas von der Freiheit der Söhne und Töchter Gottes, von der Freiheit, daß ich im Hause Gottes so sein darf, wie ich bin, daß trotz aller Fehler und Schwächen im Grunde alles gut ist, weil ich in Gottes guten Händen bin, die mich durch Kampf und Niederlage, durch Gelingen und Versagen mehr und mehr in das Bild formen, das Er sich von mir gemacht hat.

Der Umgang mit den Gedanken und Leidenschaften

Ein wichtiges Thema im alten Mönchtum war der Umgang mit den »logismoi«, mit den Leidenschaften, mit gefühlsbetonten Gedanken, mit den Regungen der Seele. Auch hier ist die Freiheit das Ziel des Ringens. Evagrius nennt dieses Ziel aphatheia. Damit meint er keine Gefühllosigkeit, sondern den Zustand, in dem die Leidenschaften uns nicht beherrschen, sondern in unsere Sehnsucht nach Gott integriert sind, in dem sie unserer Lebendigkeit dienen, in dem wir frei sind von allem pathologischen Verhaftetsein an die »pathe«, an die Leidenschaften. Die Freiheit erreichen wir nicht, indem wir mit Gewalt gegen unsere Gedanken und Gefühle ankämpfen, sondern nur, wenn wir sie in innerer Gelassenheit anschauen und dann richtig mit ihnen umgehen.

Die Voraussetzung für solch gelassenes Anschauen ist der Verzicht auf das Werten. Ich darf keine Regung meines Herzens bewerten. Die Angst ist einfach da, der Ärger ist da, die Sexualität ist da, die Eßsucht ist da, die Eifersucht ist da. Und all diese Gefühle dürfen sein. Sie sind nicht schlecht. Es kommt nur darauf an, wie ich damit umgehe. Wenn ich gegen die Leidenschaften wüte, werden sie gegen mich wütend. Wenn ich sie bekämpfe, werden sie erst richtig wach und werden ihre Gegenkraft gegen mich richten. Wenn ich sie dagegen einfach wahrnehme und sein lasse, kann ich mich von ihnen distanzieren und sie relativieren. Dann werde ich frei von ihnen. Sie sind da, aber sie beherrschen mich nicht. Ich lasse sie zu, aber gleichzeitig lasse ich sie auch los.

Wenn ich die Eifersucht anschaue und mich ihretwegen nicht verurteile, kann ich sie auch wieder lassen. Wenn ich mir aber vorsage, ich hätte doch gar keinen Grund, eifersüchtig zu sein, das sei ja krankhaft, daß ich so eifersüchtig bin, darüber müßte ich längst hinweg sein, dann werde ich ständig gegen sie kämpfen, ohne sie je zu besiegen. Der Weg der Freiheit bestünde darin, mir zu sagen: »Da ist die Eifersucht wieder. Aber ich folge ihr nicht. Ich distanziere mich von ihr. Ich spüre sie, aber ich lasse mich von ihr nicht bestimmen. Ich lasse sie zu, aber ich lasse sie auch los.« Dann wird sie zwar immer wieder auftauchen, aber sie wird mich nicht beherrschen. So geht es mit allen Gefühlen.

Sobald ich gegen meine Angst nur ankämpfe, wird sie mich überallhin verfolgen. Ich muß sie anschauen, zulassen, mich mit ihr anfreunden. Dann verliert sie an Macht über mich. Dann bin ich mitten in meiner Angst doch von ihr frei. Aber viele ärgern sich, wenn die Angst wieder in ihnen auftaucht. Sie fühlen sich als Versager. Dann haben sie schon Angst vor der Angst. Sie befürchten, daß die Angst wieder auftauchen könnte und sie sich dann als Versager fühlen würden. So sind sie auf die Angst fixiert, und sie wird zu einem Dauerproblem. Wenn ich die Angst einfach wahrnehme und mich damit aussöhne, daß sie da ist, kann ich mich auch von ihr distanzieren. Ich gebe zu, daß die Angst vor der Krankheit immer wieder hochkommt, auch wenn ich mir noch so sehr klarmache, daß ich dafür keinen Grund habe. Ich verurteile mich deshalb nicht. Ich setze mich nicht unter Leistungsdruck, daß ich diese Angst doch endlich überwinden müsse. Ich lasse sie vielmehr zu. Ich schaue sie an, frage sie, was sie mir sagen möchte. Ich spreche mit ihr, aber nach dem Gespräch verabschiede ich mich auch von ihr. Wenn ich sie zulasse, kann ich mich zugleich von ihr distanzieren. Die Angst ist da, aber sie bestimmt mich nicht.

Ein Weg zu dieser Relativierung der Angst ist die Dis-Identifikation, wie sie der italienische Psychologe und Begründer der sogenannten Psychosynthese, Roberto Assagioli, entwickelt hat: »Ich habe Angst, aber ich bin nicht meine Angst.« Die Angst wird immer wieder hochkommen. Aber sie berührt nur meine Emotionen. In den inneren Raum der Stille kann sie sich nicht einnisten. Bei der Angst ist es wichtig, daß ich mir erlaube, wovor ich Angst habe: »Ich kann krank werden. Aber auch in meiner Krankheit bin ich in Gottes Hand. Sie kann meinem Kern nicht schaden.«

In Gesprächen erlebe ich oft, wie ältere Menschen sich wegen jeder sexuellen Regung verurteilen. Sie versuchen, mit Gebet dagegen anzugehen. Aber je mehr sie die Sexualität mit Gebet überwinden wollen, desto häufiger tauchen sexuelle Phantasien auf, gerade dann, wenn sie beten wollen oder wenn sie gerade zur Kommunion gehen. Ich rate dann immer, sie sollen die sexuellen Phantasien einfach zulassen, ohne sich in sie hineinzusteigern. Sie sind da, und sie dürfen da sein. Sie sind ja nicht schlecht. Die Sexualität ist ja auch von Gott geschaffen. Wenn er möchte, daß wir ohne Sexualität sind, hätte er sie sicher nicht geschaffen. Also sollen wir uns deshalb nicht verurteilen.

Aber wir sollen uns auch nicht von ihr beherrschen lassen. Wir sollen sie wahrnehmen, sie beobachten, uns in sie hineinfühlen, uns fragen, worauf sie uns hinweisen möchte. Wir können sie zu Ende denken, um zu spüren, wonach wir uns im Tiefsten sehnen. Dann können wir sie auch wieder lassen und uns von ihr distanzieren. Das ist innere Freiheit. Freiheit heißt nicht, daß uns nie mehr sexuelle Bedürfnisse bedrängen werden, sondern daß wir sie in aller Gelassenheit zulassen und loslassen können, ohne daß sie uns bestimmen.

Eine Witwe spürt nach dem Tod ihres Mannes ihre Sexualität stärker als in der Ehe selbst. Sie findet einen Priester sympathisch. Aber von ihrer katholischen Erziehung her verbietet sie sich jedes Gefühl von Verliebtsein. Das darf nicht sein. So muß sie ständig dagegen ankämpfen und lebt in Angst, daß sie diesem Priester zu nahe kommen könnte. Auch hier wäre es besser, wenn sie ihre erotischen Gefühle wahrnimmt, sich über sie freut, sie genießt und sie dann aber läßt. Es geht nicht darum, den Priester für sich zu erobern, sondern dankbar anzunehmen, daß er in ihr neue Seiten anspricht, daß sie sich selbst wieder lebendig und liebenswert erlebt. Dann wird sie sich nicht an den Priester klammern, sondern kann ihn in Freiheit lassen. Je mehr wir uns erotische Gefühle verbieten, desto mehr werden sie in uns auftauchen und uns Angst machen. Wenn wir sie dankbar genießen können, weil wir uns selbst in ihnen auf neue Weise erleben, weil sie das Gespräch in eine ungeahnte Intensität führen, dann fällt es uns auch leicht, sie wieder loszulassen.

Die Freiheit ist auch eine wesentliche Voraussetzung für den Umgang miteinander. Solange wir einem anderen Menschen über uns Macht geben, oder solange wir uns von ihm abhängig machen, sind wir nicht frei. Freiheit bedeutet aber nicht, daß wir uns total von den anderen distanzieren. Die Kunst besteht vielmehr darin, daß wir uns auf einen Konflikt einlassen können und uns zugleich frei davon fühlen. Wir stehen dann nicht unter Druck, den Konflikt unbedingt lösen zu müssen, den anderen für uns gewinnen zu müssen. Wir lassen den Konflikt zu. Wir stehen über dem Konflikt. Das ist wahre Freiheit.

Da ist die Chefin eines Altenheimes in Konflikt geraten mit dem Pfarrer, der seine eigenen Probleme auf sie projiziert und ihr das Leben zur Hölle macht. Sie kann sich diesem Konflikt nicht entziehen. Denn wenn sie kündigen würde, würde sie sich als Versagerin fühlen. Ihr Verhalten könnte dann von den anderen als Flucht verstanden werden. Ihre Aufgabe ist es, den Konflikt anzuschauen, ohne sich persönlich hineinziehen zu lassen. Da ist das Gebet eine wichtige Hilfe, immer wieder Abstand zu dem Emotionsbrei zu bekommen, der in diesem Konflikt um sie herum stets von neuem aufgerührt wird. Wenn sie sich in diesen Emotionssumpf einläßt, wird sie davon in die Tiefe gerissen. Im Gebet und im Gespräch über den Konflikt kann sie Abstand dazu gewinnen und in der Distanz allmählich frei werden.

Freiheit würde bedeuten, daß ich mich gegen ungerechtes Verhalten wehre, daß ich mich aber davon nicht verletzen lasse, sondern aufrecht und frei darauf reagiere. Das ist kein einfacher Weg. Er braucht die Reflexion, das Durchschauen des Konfliktes. Und es braucht das Gebet, um vor Gott objektiver anschauen zu können, was eigentlich läuft. Im Gebet kann ich mitten im Konflikt immer wieder die Freiheit spüren, daß die Streithähne mich im Innersten nicht treffen können. Diese Freiheit ist die Voraussetzung dafür, den Konflikt anständig zu lösen.

Das Thema der Freiheit wird in der Begleitung immer wieder thematisiert. Da ist es vor allem die Freiheit von den Menschen, die ich liebe und die mich gerade deshalb so tief verletzen können, weil ich sie liebe. Zum Beispiel die Freiheit von den Eltern. Viele fühlen sich da nicht frei. Sie haben ein schlechtes Gewissen, wenn sie den eigenen Impulsen folgen. Andere haben die Nabelschnur noch nicht durchschnitten, die sie an die Mutter bindet. Das erlebe ich manchmal bei Priestern, aber auch bei Ehemännern. Da hat dann die eigene Frau keine Chance. Denn statt die Probleme mit ihr zu besprechen, ruft der Mann sofort die Mutter an. Sie bleibt seine erste Gesprächspartnerin. So eine Bindung an die Mutter verursacht häufig Ehekrisen. Denn da kann kein wirkliches Miteinander mit der eigenen Frau entstehen. Ähnlich ist es, wenn die Frau noch an ihren Vater gebunden ist und alles, was ihr Mann tut, mit dem Vater vergleicht. Dann hat der Mann keine Chance. Die Freiheit von den Eltern ist die Voraussetzung, mit ihnen selbst gut umzugehen und mich in der Ehe oder im ehelosen Leben neu zu binden, frei zu sein für die Berufung, die Gott mir zugedacht hat.

Wenn wir von einem Mann oder einer Frau fasziniert sind, so führt das erst einmal zu Abhängigkeit und Unfreiheit. Aber wenn wir das, was uns am anderen fasziniert, in uns selbst verwirklichen, dann freuen wir uns immer noch am anderen, aber es wächst zugleich in uns die Freiheit. Wenn wir uns nur lebendig fühlen, wenn der andere bei uns ist, dann sind wir abhängig. Und Abhängigkeit beeinträchtigt unsere Würde. Nur die innere Freiheit entspricht unserer Würde. Daher geht es nicht nur in der Freundschaft, sondern auch in der Ehe darum, diese innere Freiheit zu gewinnen. Dann kommen Gelassenheit und Weite in die Beziehung, dann dürfen wir die Freundschaft oder Partnerschaft genießen, ohne uns davon total abhängig zu machen, ohne den anderen an uns fesseln zu wollen.

Manche suchen diese Freiheit, indem sie sich innerlich völlig vom anderen lösen, indem sie sich vorsagen, sie würden keinen Menschen brauchen, sie könnten alle Probleme alleine lösen. Sie haben so große Angst vor Abhängigkeit, daß sie sich auf niemanden wirklich einlassen. Das ist kein Zeichen von Freiheit, sondern von Angst und innerem Zwang. Freiheit heißt vielmehr, daß ich mich auf andere Menschen einlasse, daß ich mich ihnen anvertraue. Ich weiß, daß ich andere brauche, um meinen Weg zu gehen. Ich lasse mich auf sie ein, lasse sie aber auch wieder los, ohne mich an sie zu klammern. Diese Spannung von Freiheit und Bindung, von Freisein und Sicheinlassen auf andere gehört wesentlich zum Menschen.

Peter Schellenbaum nennt diese Spannung von Freiheit und Bindung das »Nein in der Liebe«, die Kunst, sich in der engen Bindung an einen anderen Menschen zugleich auch abzugrenzen und seine Freiräume zu wahren, sich auch in der Bindung innerlich frei zu fühlen, immer wieder neu die Spannung zwischen Nähe und Distanz auszupendeln. Nur wer frei ist, kann sich binden. Wer abhängig ist, braucht den anderen für sich. Und wenn wir einen Menschen brauchen, benutzen wir ihn und verletzen damit seine Würde.

Das Gebet

Für Evagrius Ponticus ist das Gebet der Weg in die innere Freiheit. Sowohl das kontemplative Gebet als auch das Gebet als Gespräch mit Gott kann uns in die Freiheit führen. Wir haben uns tagsüber kaum so in der Hand, daß uns nicht ein Mitarbeiter ärgert, daß uns keine Verletzung trifft, oder daß wir uns nicht durch Selbstvorwürfe nach unten ziehen. Wir geraten immer wieder in Konflikte, wir machen Fehler, wir verstricken uns in unfruchtbare Auseinandersetzungen. Das Gebet könnte uns da einen gesunden Abstand zum täglichen Trubel verschaffen. Im Gebet unterbrechen wir die Tretmühle des Alltags. Da halten wir unsere Gedanken und Gefühle Gott hin. Und in diesem Innehalten und Hinhalten lassen wir uns von Gott in Frage stellen. Das klärt unsere Emotionen. Es zeigt uns, wo wir uns verrannt haben, wo wir uns von anderen haben bestimmen lassen, wo wir blind geworden sind gegenüber der eigentlichen Wirklichkeit.

Wenn ich meinen Ärger im Gebet Gott hinhalte, dann hilft mir das, meine Vorstellungen von dem ärgerlichen Vorfall und die tatsächlichen Geschehnisse auseinanderzuhalten. Das Gebet unterbricht den Strom meines Ärgers. Ich fange an, die Sache mit neuen Augen anzuschauen. So kann sich etwas für mich klären. Der Ärger hat mich nicht mehr im Griff. Ich werde allmählich frei davon. Ich bekomme Distanz zu meinem Ärger.

In der Begleitung erlebe ich immer wieder, wie Menschen sich von außen bestimmen lassen. Da verletzt sie einer, und schon springt ein Mechanismus von Selbstverletzung, Selbstentwertung, Selbstbemitleidung an. Man fühlt sich schlecht und wertlos. Man jammert über sich selbst, wie schwer man es hat: »Der andere hat mich gekränkt, weil er mich für wertlos hält. Was bin ich auch schon. Ich habe keinen Wert. Es hat doch alles keinen Sinn. Ich halte es nicht mehr aus.« Wir können uns kaum so in den Griff bekommen, daß uns solche Gedanken nicht überfluten. Aber wir können diesen Gedankenstrom im Gebet immer wieder unterbrechen. Im Gebet können wir uns davon distanzieren. In der Nähe Gottes tritt die Nähe der verletzenden und kränkenden Menschen und Ereignisse zurück. Vor Gott werden wir frei vom Einfluß derer, die uns täglich bedrängen. Und so brauchen wir immer wieder solche Pausen des Gebetes, um uns vom Alltag zu distanzieren und uns von seiner Macht zu befreien. Spätestens am Abend sollten wir unseren Tag nochmals Gott hinhalten, um frei zu werden von dem, was uns heute belastet hat.

Bei Evagrius ist es vor allem das kontemplative Gebet, das uns in die Freiheit führt. Unter kontemplativem Gebet versteht Evagrius, daß wir frei werden von allen Gedanken und Gefühlen, von allen Überlegungen und Plänen, von allen Leidenschaften und Emotionen. Im kontemplativen Gebet gelangen wir in den Raum der Stille, der schon in uns ist, aber von dem wir oft genug abgeschnitten sind. Evagrius nennt diesen Raum der Stille »Ort Gottes« und »Schau des Friedens«. An diesem inneren Ort, in dem Gott selbst in uns wohnt, da sind wir schon heil und frei, da sind wir im Frieden mit uns selbst. Zu diesem Raum der Stille haben die Menschen keinen Zutritt, da können auch die Gedanken und Vorstellungen, die Leidenschaften und Emotionen nicht vordringen. Dieser Raum des Schweigens ist der Ort der wahren Freiheit. Es ist der Raum, den Gott allein bewohnt. Im Johannesevangelium sagt Jesus von diesem Raum: »Mein Vater wird ihn lieben, und wir werden zu ihm kommen und Wohnung bei ihm nehmen.« (Johannes 14,23) Im Griechischen heißt es: Wohnung machen, eine Wohnung bereiten. Gott selbst bereitet in uns eine Wohnung für sich. »Dieses geistige Innewohnen ist der Ausdruck der tiefsten und innigsten Gemeinschaft, die sich denken läßt.« (Schneider 264)

Der Gott, der in mir wohnt, ist immer der befreiende Gott, der Gott, der mich befreit von der Macht der Menschen, der mich befreit von allen Selbstvorwürfen, von Selbstentwertungen, Selbstbeurteilungen, Selbstbeschimpfungen. Gott befreit mich von dem Druck, den ich mir selbst mache, von dem Leistungsdruck, von dem Perfektionismus, von dem Moralismus, mit dem ich mich ständig antreibe, alles richtig zu machen und Gottes Gebote zu erfüllen. Gotteserfahrung ist wesentlich Erfahrung von Freiheit. Wenn ich Gott in mir erfahre, bin ich frei von den Menschen und frei von mir selbst. Dann können mich die Menschen, über die ich mich geärgert habe, nicht erreichen. Dann haben die Menschen, die mich verletzen und kränken möchten, keinen Zutritt zu meinem Inneren. Dann können die, die mich verleumden, meinem wahren Selbst nicht schaden. Sie haben keine Macht über mich. Und ich bin frei von den Irritationen des Ego, das ständig etwas will, das mich antreibt, immer mehr zu erreichen, oder das mich niedermacht, entwertet und verletzt. In dem Raum, in dem Gott in mir wohnt, da tritt das Ego zurück, und das wahre Selbst leuchtet auf. Ich komme in Berührung mit dem unverfälschten Bild Gottes in mir.

Das ist die christliche Antwort auf die Sehnsucht nach Freiheit, wie sie in der griechischen Philosophie so stark zum Ausdruck kam. Nicht wir müssen uns befreien von den Leidenschaften, von dem Einfluß anderer Menschen, von dem Geschick, das uns trifft. Gott selbst ist es, der uns befreit. Das Gebet ist der Ort, an dem wir Gott als die wahre Freiheit erfahren dürfen. Aber für Evagrius und für die frühen Mönche gehören Gebet und Askese zusammen. Um ungestört und ohne Zerstreuung beten zu können, muß ich mit meinen Leidenschaften umgehen, muß ich mich einüben in die apatheia. So sagt Evagrius:

Für den Menschen gibt es keine Fortschritte, noch wird er sich auf den Weg zu jenem formlosen Zustand des Nichtstofflichen machen können, geschweige denn ihn erreichen, so lange er sein Inneres nicht in Ordnung gebracht hat. Denn sonst wird seine innere Unruhe ihn immer wieder an die Dinge denken lassen, die er zurückgelassen hat. (Praktikos 61)

Aber zugleich weiß Evagrius, daß wir den wahren Frieden und die wahre Freiheit nicht aus eigener Kraft erlangen können, sondern nur im Gebet, in dem Gott selbst in uns wirkt. Wir können uns nur dafür bereiten, daß Gott uns ganz und gar mit seiner Liebe durchdringt und so befreit von aller Selbstverkrampfung, von allem Verhaftetsein an diese Welt, von aller Abhängigkeit von Menschen und von der Versklavung durch die Leidenschaften.

Das Höchste, das ein Mensch nach Evagrius erreichen kann, ist das Einswerden mit Gott im

Gebet. Wenn der Mensch im Gebet mit Gott eins wird, dann wird er in das unberührte Bild verwandelt, das Gott sich von ihm gemacht hat, dann wird er wahrhaft frei. Evagrius drückt das so aus: »Wenn ein Mensch den alten Menschen abgelegt und den neuen Menschen angezogen hat, der eine Schöpfung der Liebe ist, dann wird er zur Stunde des Gebetes erkennen, wie sein Zustand einem Saphir gleicht, der klar und hell wie der Himmel leuchtet.« (Bamberger 19f) Im Gebet wird der Mensch mit Gott eins, aber auch mit dem ursprünglichen Bild Gottes in ihm. Die Berufung des Menschen besteht für Evagrius darin, »sich in liebender Erkenntnis mit Gott zu vereinen« (Bamberger 21). Und so schließt er sein Buch »Gnostikos« über den weisen und freien Menschen: »Höre nicht auf damit, dein Bild umzugestalten, damit es dem Archetyp immer ähnlicher werde.« (Ebd. 21)

Wenn ich im Gebet mehr und mehr in das Bild Gottes verwandelt werde, dann bin ich wahrhaft frei. Dann hat kein Mensch mehr Macht über mich, dann hat die Welt ihren Einfluß auf mich verloren. Dann kann ich frei aufatmen, dann erlebe ich Gott als innere Quelle, die mich durchströmt, die mich lebendig macht. Diese innere Freiheit meint Benedikt, wenn er vom weiten Herzen spricht (dilatato corde), das der Mönch durch seinen spirituellen Weg erreicht. Das weite Herz ist das freie Herz. Es ist frei, sich jedem zuzuwenden. Die Weite verhindert, daß sich das Herz an etwas festklammert. Das weite Herz ähnelt dem durchbohrten Herzen Jesu am Kreuz, zu dem jeder Zutritt hat, in dem jeder sich geborgen fühlt, weil dort die göttliche Liebe strömt, die ohne Ende und Grenze ist.

Der Weg der Liebe

Die Freiheit, in die das geistliche Leben führt, ist nicht nur die Freiheit von allen äußeren Einflüssen, nicht nur die Freiheit von den Leidenschaften und von der Macht der Menschen. Es ist zugleich eine Freiheit der Hingabe. Es ist also nicht nur eine Freiheit *von*, sondern auch eine Freiheit *zu*. Der Mensch, der von sich selbst frei geworden ist, ist auch frei, sich für andere hinzugeben, so wie Jesus das von sich selbst gesagt hat: »Es gibt keine größere Liebe, als wenn einer sein Leben für seine Freunde hingibt.« (Johannes 15,13) Die Freiheit von den Erwartungen der anderen und die Freiheit vom Kreisen um sich selbst sind die Voraussetzung für die Liebe. Nur wer von sich frei geworden ist, kann sich für andere selbstlos einsetzen. Er wird in sein Engagement nicht egoistische Motive hineinmischen, wie wir es oft genug tun. Er wird frei davon sein, in seinem Einsatz an den eigenen Ruf zu denken, an das Lob und die Anerkennung durch die Menschen. Er wird sich auch nicht überlegen, daß er sich dann besser fühlt als die anderen, daß Gott ihn dann belohnen würde und so weiter. Er ist frei für die Menschen, die ihn brauchen. Frei, sich in Liebe hinzugeben.

Allerdings ist unsere Freiheit immer auch begrenzt. Wir sind nicht Gott, der aus dem vollen schöpfen kann. Wir können uns nicht jedem Menschen frei zuwenden, sonst sind wir irgendwann am Ende unserer Kraft, sonst überfordern wir uns selbst. Wir müssen in aller Demut unsere Grenzen anerkennen, innerhalb derer wir uns vorbehaltlos anderen zuwenden können. Es gibt heute aber auch genügend Menschen, die vor lauter »Sichselbstabgrenzen« ständig in der Angst leben, sie könnten einmal zu schnell ja sagen, wenn jemand sie braucht, sie könnten sich überfordern, sie könnten ausgenutzt werden und ausbrennen. Wer wirklich frei ist, der kann sich in aller Freiheit auf den anderen einlassen, ohne ständige Angst, daß er selbst dabei zu kurz kommt, daß er nicht genügend Kraft hat, um zu helfen. Die wahre innere Freiheit macht mich auch frei für den Einsatz für andere.

Allerdings stehe ich zugleich immer in der Spannung zwischen Freiheit und Grenze, zwischen Freiheit und Endlichkeit. Wenn ich nur aus einem schlechten Gewissen heraus den anderen helfe, weil Gott es von mir will, oder weil die Menschen es von mir erwarten, dann bin ich nicht frei. Wenn ich helfe, weil ich Angst habe, ich könnte den anderen durch mein Nein verletzen, dann ist so eine Hilfe wertlos. Und wenn ich nur helfe, weil es mir schmeichelt, daß ich gebraucht werde, dann ist das eine Falle, in die ich tappe. Aber ich werde dann nicht wirklich helfen und wirklich lieben können. Im anderen liebe ich dann nur meine eigene Eitelkeit.

C. G. Jung meint, solche Liebe sei immer dann gefährlich, wenn ich mich mit einem archetypischen Bild identifiziere, etwa mit dem Archetyp des Heilers oder Helfers. Ich merke manchmal im Gespräch, wie so ein Gedanke in mir auftaucht, daß ich diese Frau oder diesen Mann zu heilen vermag. Und ich merke, daß ich dann nicht frei bin, sondern gefangen von der Faszination durch das archetypische Bild des Heilers. So ist die Freiheit auch die Bedingung, Menschen geistlich oder therapeutisch zu begleiten, ohne sie an mich und mich an sie zu binden, ohne in die Falle eigener und fremder Projektionen zu tappen.

Wenn ich den Nächsten liebe, weil ich entweder mein schlechtes Gewissen beruhigen möchte, oder weil ich Angst habe, ich könnte sonst Ablehnung erfahren und mich einsam fühlen, dann ist das keine wirkliche Liebe. Ich bin dann vielmehr Sklave meiner Angst und Sklave des Gesetzes im Sinn des heiligen Paulus. Genausowenig bin ich frei, wenn ich nur daran denke, was mir die Hilfe bringt. Dann kreise ich ja wieder nur um mich. Wahre Freiheit fragt nicht nach dem eigenen Nutzen und auch nicht danach, ob das jetzt angebracht ist oder nicht. Wenn ich mich in Freiheit auf einen anderen einlasse, bin ich nie überfordert. Ich fühle mich nicht erdrückt. Ich bin vielmehr frei, mich ganz auf den Augenblick einzulassen. Und in diesem Augenblick ist der andere wichtig, mit dem ich spreche, dem ich begegne. Aber ich kann den anderen auch wieder loslassen, ich kann ihn mit seinen Problemen

Gott überlassen, weil nicht ich sein Arzt bin, sondern allein Gott.

Im Gespräch mit einem Gast merke ich sehr schnell, ob ich innerlich frei bin oder nicht. Wenn ich mich frei auf den anderen einlasse, dann bin ich ganz präsent, und ich spüre die Anstrengung nicht. Ich bin einfach da und höre zu. Und wenn ich das Gefühl habe, etwas sagen zu sollen, dann kommen die Worte von alleine. Nach dem Gespräch fühle ich mich selbst beschenkt und kann Gott für dieses Geschenk danken. Aber wenn ich mein Maß überschritten habe, wenn ich in das Gespräch nur gehe, weil ich zugesagt habe, oder weil ich es nicht fertiggebracht habe, nein zu sagen, dann fühle ich mich sehr schnell müde und ausgebrannt. Und es tauchen Gefühle von Ärger und Unzufriedenheit hoch, weil jeder an mir zerrt und jeder etwas von mir will.

Ich zweifle dann, ob das Gespräch sinnvoll ist. Ich denke, der andere nutzt mich aus. Ich kann dann zwar versuchen, mich ganz auf den Augenblick einzulassen und mich von allen kommentierenden Gedanken und von den negativen Emotionen zu befreien. Manchmal gelingt es auch. Aber oft sind die Gefühle auch ein wichtiger Hinweis, daß meine Grenze überschritten ist. Und diesen Hinweis muß ich ernst nehmen. Dann wäre es Ausdruck meiner Freiheit, beim Zusagen besser auf meine Gefühle zu hören, ob ich jetzt nur zusage, weil ich den anderen nicht verletzen will, oder weil es mir schmeichelt, so gefragt zu sein, oder weil ich meine eigenen Bedürfnisse damit ausleben möchte. Freiheit ist keine Leistung, die ich erbringen kann, sondern Ausdruck dafür, daß ich so lebe, wie es mir gemäß ist, und wie es meiner Begrenzung und zugleich meinen Fähigkeiten und meinen Kräften entspricht.

Die wahre Freiheit besteht darin, selbstlos lieben zu können. Aber oft genug wird im Namen der Liebe die Freiheit unterdrückt und Macht ausgeübt. Wenn zum Beispiel ein Pfarrer in der Pfarrgemeinderatssitzung bei jedem Konflikt einwirft, wir sollten doch einander lieben, dann ist das eine subtile Form von Machtausübung. Er läßt den Konflikt nicht hochkommen, er unterdrückt jeden Widerspruch. Er vermittelt denen, die ehrlich miteinander streiten wollen, ein schlechtes Gewissen. In so einer Atmosphäre »von oben verordneter Liebe« kann man nicht kämpfen, da kann man nicht frei seine Meinung äußern. Ähnlich ist es in manchen Gemeinschaften. Da wird jede abweichende Meinung sofort damit geahndet, daß Christus doch möchte, daß wir einander lieben, daß wir miteinander eins seien. Die Liebe wird verwechselt mit erzwungener Einheit. Die wahre Einheit entsteht immer aus der gesunden Spannung von Gegensätzen. Wenn man aber im Namen der Liebe jede Spannung von vornherein vermeiden möchte, dann wird die Liebe zur Tyrannei und zum Zwang.

Es ist eigenartig, daß gerade in Klöstern, in denen man ständig von der Liebe spricht, am wenigsten geliebt wird. Da herrscht oft eine aggressive und gereizte Stimmung. Da ist nicht Freiheit, sondern Anpassung. Da ist keine Einheit, sondern Zwang. Ein Klosterchauffeur meinte einmal von der Gemeinschaft, der er diente und in der man sich als »Haus der Liebe« bezeichnete: »Seitdem wir ein Haus der Liebe sind, wird es immer kälter bei uns.« Wenn die Liebe nicht von der Freiheit geprägt ist, dann entspricht sie nicht der Liebe, die Jesus uns vorgelebt und gepredigt hat. Das vollkommene Gesetz der Freiheit, von dem Jakobus spricht, muß die Grundlage unserer Liebe sein, damit wir in unserer Liebe einander die Freiheit gewähren, und damit wir in unserer Liebe selbst frei sind und nicht Sklaven unserer Angst vor dem schlechten Gewissen. Die Liebe, zu der manche Obere aufrufen, atmet nicht die Freiheit, sondern bewirkt ein schlechtes Gewissen, wenn man seine Bedürfnisse und seine Meinung anmeldet. Eine solche Liebe wird zum Machtinstrument, das alle Freiheit unterdrückt. Die Liebe, die Christus uns verkündet, ist nicht die Liebe von Sklaven, sondern von freien Söhnen und Töchtern, es ist die Liebe, die der Freiheit entspringt und in die Freiheit führt.

Schluß

Bei manchem Menschen kann man sagen: »Das ist wahrhaft ein freier Mensch. Er ist nicht abhängig von der Meinung der anderen. Er ist nicht abhängig von Zustimmung und Zuwendung. Er ruht in sich. Er ist frei in seinem Denken. Er ist auch frei in seinem Fühlen. Er ist in Berührung mit der Wirklichkeit. Wenn er einem begegnet, so ist er ganz in der Begegnung. Er ist frei, sich einem anderen ganz und ungeteilt zuzuwenden. Er ist frei von Berechnung, frei von der Überlegung, was der andere von ihm möchte oder was er von ihm denkt. Er ist frei, weil Gottes Geist ihn prägt, weil er in Gott seinen Grund hat und daher nicht ständig auf die Reaktion anderer Rücksicht nehmen muß.« Wenn wir uns in so einen Menschen genauer hineinfühlen, werden wir bald erkennen, daß es sein Verankertsein in Gott ist, das ihn so frei gemacht hat. Weil er in Gott ruht, ist er wahrhaft frei geworden von aller Menschenfurcht, ist er frei von der ständigen Unruhe, ob er alles richtig macht, wie die Menschen oder wie Gott sein Tun beurteilen werden.

Nach solcher Freiheit sehnen wir uns alle. Sie ist das Ziel jedes geistlichen Weges. Für den Christen besteht diese Freiheit wesentlich in der

Freiheit zu lieben. Aber um zu dieser Freiheit der Liebe zu gelangen, müssen wir zuerst die Freiheit von allen Abhängigkeiten einüben. Dazu geben uns die Kirchenväter und die frühen Mönche gute Anregungen. Sie stehen darin im Einklang mit vielen griechischen Philosophen, für die die Freiheit das höchste Ziel überhaupt war. Anstatt einen Gegensatz zwischen griechischer und christlicher Freiheit zu konstruieren, geht es mir um eine gesunde Verbindung, nicht um Reduzierung des Christlichen auf die psychologische Ebene griechischer Philosophie, sondern um die Integration der psychologischen Ebene in den christlichen Weg der Freiheit.

Ich habe allzuoft erlebt, wie Christen das Gesetz der Freiheit dadurch verfälschen, daß sie die Menschen mit ihrer Forderung, selbstlos zu lieben, überfordern. Denn sie nehmen die Bedingungen nicht ernst, wie wir zu dieser Freiheit von uns selbst gelangen sollen. Es ist zu einfach zu sagen, wir bräuchten einfach nur zu lieben, dann würde alles andere von alleine stimmen. Die Frage ist, wie wir zu dieser Liebe fähig werden. Da müssen wir erst die Freiheit von Abhängigkeiten, die Freiheit von den Gesetzen des Über-Ichs, die Freiheit von der Macht des schlechten Gewissens, die Freiheit von den Erwartungen der anderen und die Freiheit von den eigenen Süchten einüben, um so lieben zu können, wie Jesus als der wahrhaft freie Mensch geliebt hat.

Für mich gibt es vor allem drei Bedingungen, um die Liebe Christi leben zu können, und drei

Kriterien für eine echt christliche Spiritualität. Sie entsprechen den drei tiefsten Sehnsüchten, die die Griechen umtrieben: die Sehnsucht nach der Freiheit, der Einheit und der Heimat. Freiheit von allen Abhängigkeiten, Freiheit von anderen Menschen, Freiheit letztlich von sich selbst, das ist das Ziel jeder Menschwerdung und zugleich das Ziel jedes spirituellen Weges. Der spirituelle Mensch ist der wahrhaft freie Mensch, der sich nicht von der Welt bestimmen läßt, weil er vom Geist Gottes durchdrungen ist. Es ist der königliche Mensch, der nicht von anderen beherrscht wird, sondern frei und aufrecht seinen Weg in dieser Welt geht. Er ist nicht vom Geist der Welt geprägt, sondern vom Geist Jesu. Und der Geist, den Jesus uns verheißen und geschenkt hat, ist immer der Geist der Freiheit: »Wo der Geist des Herrn wirkt, da ist Freiheit.« (2 Korinther 3,17) So ist die Freiheit ein wesentliches Kriterium christlicher Existenz.

Das zweite Kriterium echter Spiritualität ist die Einheit, das Einssein mit sich selbst, das Versöhntsein mit seinen Gegensätzen, der Friede mit sich als Voraussetzung, um auch mit anderen in Frieden leben zu können. Der spirituelle Mensch ist der, der eins geworden ist mit sich selbst. Nach der Einheit sehnen sich die Griechen, weil sie unter der Zerrissenheit leiden, unter den Gegensätzen, die sie zerreißen, unter dem Vielerlei, das in ihnen beziehungslos nebeneinander liegt, unter dem Unfrieden in der Welt, unter den ständigen Kämpfen der gesellschaftlichen und politischen Gruppen gegeneinander. Der Mensch, der mit Gott eins geworden ist, ist auch mit sich, mit den Menschen und mit der Schöpfung eins geworden. Wer mit sich eins ist, der wird auch um sich herum Gemeinschaft stiften, der wird die Gegensätze um sich herum miteinander versöhnen. Wer dagegen in sich selbst gespalten ist, wird auch in seiner Umgebung nur Spaltung bewirken. Nur der freie Mensch ist fähig zur Versöhnung. Nur der, der frei ist von Projektionen, mit denen wir unseren Blick auf die Menschen verstellen, und wer frei ist von Animositäten und Ressentiments, kann Menschen miteinander verbinden.

Die dritte Sehnsucht der Griechen zielt auf die Heimat. Ein Grundgefühl der Griechen war das Gefühl der Heimatlosigkeit. Die Welt war ihnen fremd. Die wahre Heimat ist für Platon das Reich der Ideen. Heimat, das meint für die frühen Christen, in Gott daheim zu sein, in Gott ausruhen zu können, mit seinem unruhigen Herzen in Gott wahrhaft Ruhe zu finden (Augustinus). Gott ist sicher nicht nur der, der uns Heimat und Geborgenheit in dieser Welt schenkt. Er ist auch der Exodus-Gott, der uns herausführt aus der Abhängigkeit. Aber er ist eben auch der, der uns in das Gelobte Land führt, in das Land, in dem wir wahrhaft zu Hause sind. Dieses Land der Heimat ist nicht nur die ewige Heimat im Himmel, die uns im Tod erwartet. Wir erfahren jetzt schon mitten auf unserem Weg, daß unsere Heimat im Himmel ist. (Vgl. Philipper 3,29) Wenn wir in uns den Raum des Schweigens spüren, dann ist das der Raum, in dem wir daheim sein können, weil das

Geheimnis selbst in uns wohnt, weil dort, wo Gott in uns wohnt, jetzt schon der Himmel in uns ist, der uns hier in der Fremde Heimat schenkt.

Freiheit, Einheit und Heimat, diese drei Kriterien echter Spiritualität und wirklicher Gotteserfahrung gehören zusammen. Wer mit sich eins ist, wer nicht mehr hin- und hergezerrt wird von den verschiedensten Wünschen und Bedürfnissen, der ist auch frei. Wer in Gott ruht, wer in Gott Heimat gefunden hat, der richtet sich nicht mehr nach den Maßstäben dieser Welt, über den hat die Welt keine Macht, er ist frei geworden von den Erwartungen dieser Welt. So können wir an der Freiheit in uns erkennen, wie weit wir auf unserem spirituellen Weg sind. Aber zugleich müssen wir uns eingestehen, daß die Freiheit hier auf unserem Pilgerweg immer relativ ist, daß wir erst im Tod die wahre Freiheit erfahren, wenn wir für immer frei sind, Gott zu schauen und uns in der Liebe in Gottes liebende Arme fallen zu lassen.

Freiheit, Einheit und Heimat sind auch die Voraussetzungen, um wahrhaft lieben zu können. Wer in sich zerrissen ist, kann nicht wirklich lieben. Er wird vielleicht oft von der Liebe sprechen, und er wird mit aller Kraft versuchen zu lieben. Aber es wird nicht die Liebe sein, die heilt, die eint und befreit, sondern eher eine Liebe, die den anderen an sich bindet, die Macht ausübt, die das eigene schlechte Gewissen beruhigen soll. Die Liebe, zu der uns das vollkommene Gesetz der Freiheit aufruft, läßt den Menschen frei sein, sie gibt ihm seine königliche Würde. Sie bewirkt Frieden, ermöglicht dem zerrissenen Menschen, daß er ja zu sich sagen kann und so mit sich eins wird.

Wahre Liebe eint und heilt den Menschen, sie macht ihn ganz. Und sie schenkt ihm Heimat, sie gewährt ihm ein Haus, in dem er wahrhaft zu Hause sein kann, in dem er wahrhaft der sein kann, zu dem Gott ihn berufen hat, ein freier Sohn und eine freie Tochter Gottes. Es gibt keine wirkliche Liebe ohne Freiheit. Und es gibt auch keine echte Gotteserfahrung ohne die Erfahrung innerer Freiheit. Es gilt, was Angelius Silesius sagt: »Wer die Freiheit liebt, liebt Gott.« Und umgekehrt: »Wer Gott liebt, der liebt auch die Freiheit.«

Literatur

Johannes Bernard, Klemens von Alexandria. Glaube, Gnosis, Griechischer Geist, Leipzig 1974.

Martin Dibelius, Der Brief des Jakobus, Göttingen (12) 1984.

Evagrius Ponticus, Praktikos. Über das Gebet, übersetzt und eingeleitet von John Eudes Bamberger, Münsterschwarzach 1986.

Johannes Gründel, Triebsteuerung? Für und wider die Askese, München 1972.

Walter Grundmann, Das Evangelium nach Matthäus, Berlin 1968.

Walter Grundmann, Das Evangelium nach Markus, Berlin 1984.

Johannes Lindworsky, Psychologie der Aszese, Freiburg 1936.

Ulrich Luz, Das Evangelium nach Matthäus, Zürich 1990.

Franz Mußner, Der Jakobusbrief, Freiburg 1964.

Kurt Niederwimmer, Der Begriff der Freiheit im Neuen Testament, Berlin 1966.

Reallexikon für Antike und Christentum (= RAC), Band I, herausgegeben von Theodor Klauser, Stuttgart 1950, Askese (H. Strathmann und P. Keseling), S. 749–795.

RAC I, Autarkie (P. Wilpert), S. 1039–1050.

RAC V, Stuttgart 1962, Epiktet (M. Spanneut), S. 599–681.

RAC VIII, Stuttgart 1972, Freiheit (D. Nestle), S. 269–306.

Heinrich Schlier, parresia, in: Theologisches Wörterbuch (ThW), Band V, herausgegeben von G. Kittel u. G. Friedrich, Stuttgart 1954, S. 869–884.

Johannes Schneider, Das Evangelium nach Johannes, Berlin 1985.

Die Lebenskunst der Klöster
Münsterschwarzacher Kleinschriften

1	Anselm Grün, **Gebet und Selbsterkenntnis**	1979/2002
3	F. Ruppert/A. Grün, **Christus im Bruder**	1979/2004
6	Anselm Grün, **Der Umgang mit dem Bösen**	1980/2001
7	Anselm Grün, **Benedikt von Nursia**	1979/2004
11	Anselm Grün, **Der Anspruch des Schweigens**	1980/2003
13	A. Grün, **Lebensmitte als geistliche Aufgabe**	1980/2001
17	F. Ruppert/A. Grün, **Bete und Arbeite**	1982/2003
18	Jean Lafrance, **Der Schrei des Gebetes**	1983
19	Anselm Grün, **Einreden**	1983/2001
22	Anselm Grün, **Auf dem Wege**	1983/2002
23	Anselm Grün, **Fasten**	1984/2001
25	Guido Kreppold, **Die Bibel als Heilungsbuch**	1985/2004
26	M. Dufner/A. Louf, **Geistl. Begleitung i. Alltag**	1985/2006
28	M. W. Schmidt, **Christus finden i. d. Menschen**	1985
29	Grün/Reepen, **Heilendes Kirchenjahr**	1985/2001
31	Basilius Doppelfeld, **Mission**	1985
32	Anselm Grün, **Glauben als Umdeuten**	1986/2002
36	Anselm Grün, **Einswerden**	1986/2003
37	Brakkenstein Com., **Regel f. e. neuen Bruder**	1986
39	Anselm Grün, **Dimensionen des Glaubens**	1987/2004
41	Johanna Domek, **Gott führt uns hinaus ins Weite**	1987
44	Anselm Grün/Petra Reitz, **Marienfeste**	1987/2001
46	Anselm Grün/Michael Reepen, **Gebetsgebärden**	1988/2002
47	Emmanuela Kohlhaas, **Es singe das Leben**	1988
50	Anselm Grün, **Chorgebet und Kontemplation**	1988/2002
52	A. Grün, **Träume auf dem geistlichen Weg**	1989/2001
57	Grün/Dufner, **Gesundheit als geistliche Aufgabe**	1989/2001
58	Anselm Grün, **Ehelos – des Lebens wegen**	1989/2003
59	Dumitru Staniloae, **Gebet und Heiligkeit**	1990
60	Anselm Grün, **Gebet als Begegnung**	1990/2001
61	Basilius Doppelfeld, **Mission als Austausch**	1990
62	Abeln/Kner, **Kein Weg im Leben ist vergebens**	1990/2003
63	R. Faricy/R. J. Wicks, **Jesus betrachten**	1990
64	Anselm Grün, **Eucharistie und Selbstwerdung**	1990/2002
65	Basilius Doppelfeld, **Ein Gott aller Menschen**	1991
66	Abeln/Kner, **Wie werde ich fertig m. m. Alter?**	1992/2002
67	A. Grün, **Geistl. Begleitung b. d. Wüstenvätern**	1992/2002

68	Anselm Grün, **Tiefenpsych. Schriftauslegung**	1992/2002
71	Anselm Grün, **Bilder von Verwandlung**	1993/2001
73	Wunibald Müller, **Meine Seele weint**	1993/2001
75	Herbert Alphonso, **Die Persönliche Berufung**	1993/2002
76	Anselm Grün/Gerhard Riedl, **Mystik und Eros**	1993/2001
77	Gabriele Ziegler, **Der Weg zur Lebendigkeit**	1993
79	Fidelis Ruppert, **Der Abt als Mensch**	1993
80	Boniface Tiguila, **Afrikanische Weisheit**	1993
81	Anselm Grün, **Biblische Bilder von Erlösung**	1993/2001
82	A. Grün/M. Dufner, **Spiritualität von unten**	1994/2002
84	Mauritius Wilde, **Ich versteh' dich nicht!**	1994/2004
85	R. Abeln/A. Kner, **Das Kreuz mit dem Kreuz**	1994
86	Fidelis Ruppert, **Mein Geliebter, die riesigen Berge**	1995
87	Basilius Doppelfeld, **Zeugnis und Dialog**	1995
90	Fidelis Ruppert, **Intimität mit Gott**	1995/2002
92	Anselm Grün, **Leben aus dem Tod**	1995/2001
93	Anselm Grün, **Treue auf dem Weg**	1995
94	Edgar Friedmann, **Ordensleben**	1995
95	Hermann M. Stenger, **Gestaltete Zeit**	1996
96	Basilius Doppelfeld, **Bleiben**	1996
97	Christian Schütz, **Mit den Sinnen glauben**	1996
98	Karin Johne, **Wortgebet und Schweigegebet**	1996
99	Anselm Grün, **Das Kreuz**	1996/2005
100	A. Grün/A. Seuferling, **Schöpfungsspiritualität**	1996/2002
101	Basilius Doppelfeld, **Lassen**	1996
102	Anselm Grün, **Wege zur Freiheit**	1996/2003
103	G. Kreppold, **Krisen – Wendezeiten im Leben**	1997/2001
104	Irmgard und Peter Abel, **Familienleben**	1997/2002
106	Anselm Grün, **Exerzitien für den Alltag**	1997/2001
107	Karl-Friedrich Wiggermann, **Das geistliche Wort**	1997
108	F. Ruppert/A. Stüfe, **Der Abt als Arzt ...**	1997
109	H. Nouwen, **Unser Heiliges Zentrum finden**	1998/2003
110	Georg Braulik, **Zivilisation der Liebe**	1998
111	Wunibald Müller, **Wenn du ein Herz hast ...**	1998
112	G. Kreppold, **Selbstverwirkl. od. Selbstverleugnung?**	1998
113	Basilius Doppelfeld, **Erinnern**	1998
114	Anselm Grün, **Zerrissenheit**	1998/2001
115	K.-F. Wiggermann, **Spiritualität und Melancholie**	1998
116	Reinhard Körner, **Was ist Inneres Beten?**	1999/2002
117	Christa Carina Kokol, **Wie bist du, Gott?**	1999

118	Gabriele Ziegler, **Sich selbst wahrnehmen ...**	1999
120	Anselm Grün, **Vergib dir selbst**	1999/2001
121	D. Koller, **Trinitarisch glauben, beten, denken**	1999
122	G. Kreppold, **Träume – Hoffnung für das Leben**	1999/2001
124	Basilius Doppelfeld, **Loslassen und neu anfangen**	2000/2002
126	Pierre Stutz, **Licht in dunkelster Nacht**	2000/2001
127	Wunibald Müller, **Dein Herz lebe auf**	2000/2002
128	Anselm Grün, **Entdecke das Heilige in Dir**	2001
129	Guido Kreppold, **Esoterik**	2001
130	Mauritius Wilde, **Der spirituelle Weg**	2001
131	J. Domek, **Das Leben wieder spüren**	2001/2006
132	Alfred Läpple, **Der überraschende Gott**	2002
133	Johanna Domek, **Die Sehnsucht weiß mehr**	2002
134	Klaus-Stefan Krieger, **Gewalt in der Bibel**	2002
135	Hubert Luthe/Máire Hickey, **Selig bist du**	2002
136	Meinrad Dufner, **Schöpferisch sein**	2002
137	B. Ulsamer/M. Hell, **Wie hilft Familien-Stellen?**	2003
138	Lothar Kuld, **Compassion – Raus aus der Ego-Falle**	2003
139	Peter Abel, **Neuanfang in der Lebensmitte**	2003
140	Wunibald Müller, **Dein Weg aus der Angst**	2003
141	Klaus-Stefan Krieger, **Was sagte Jesus wirklich?**	2003
142	A. Grün/R. Robben, **Gescheitert? – Deine Chance!**	2003
143	Meinrad Dufner, **Rollenwechsel**	2004
144	Bertold Ulsamer, **Zum Helfen geboren**	2004
145	A. Grün/W. Müller, **Was macht Menschen krank ...?**	2004
146	Peter Modler, **Lebenskraft Tradition**	2004
147	Gruber/Steins, **Mit Gott fangen die Schwierigkeiten ...**	2005
148	Guido Kreppold, **Die Kraft des Mysteriums**	2005
149	Peter Modler, **Gottes Rosen**	2005
150	Jonathan Düring, **Der Gewalt begegnen**	2005
151	Wunibald Müller, **Allein – aber nicht einsam**	2005
152	B. Ulsamer, **Lebenswunden – Hilf. zur Traumabewältig.**	2006
153	Olav Hanssen, **Dein Wille geschehe**	2006
154	Reinhard Körner, **Dunkle Nacht**	2006
155	Jonathan Düring, **Wild und fromm**	2006
156	Guido Kreppold, **Dogmen verstehen**	2006
157	Peter Abel, **Gemeinde im Aufbruch**	2006
158	Michael Plattig, **Prüft alles, behaltet das Gute!**	2006

VIER-TÜRME-VERLAG
Telefon 09324/20-292 · Telefax 09324/20-495
Bestellmail: info@vier-tuerme.de / www.vier-tuerme-verlag.de

Anselm Grün

Bilder von Jesus

Gebunden, 224 Seiten
ISBN 3-87868-276-X

Jesus, das ist für viele kein bewegendes Thema
mehr. Zu verschwommen, zu verwaschen,
zu wenig von dieser Welt sind die Bilder,
die von ihm herumgeistern.
Anselm Grün zeichnet 50 *neue* Bilder von Jesus:
Jesus der Spalter, Jesus der Frauenfreund,
Jesus der Fresser und Säufer – lebendig, klar
und in keine Schablone zu pressen.
Eine Provokation für Fromme und Unfromme.

Vier-Türme-Verlag
97359 Münsterschwarzach Abtei
Telefon 0 93 24 / 20-292 Telefax 0 93 24 / 20-495
Bestellmail: info@vier-tuerme.de
www.vier-tuerme.de